BOB
CAMPUS

WIR HABEN

Montag Stiftung
Urbane Räume

Gemeinwohl bauen

Band 1

BOB CAMPUS – Transformation einer stillgelegten Textilfabrik

Johanna M. Debik und Robert Ambrée

jovis

Inhaltsverzeichnis

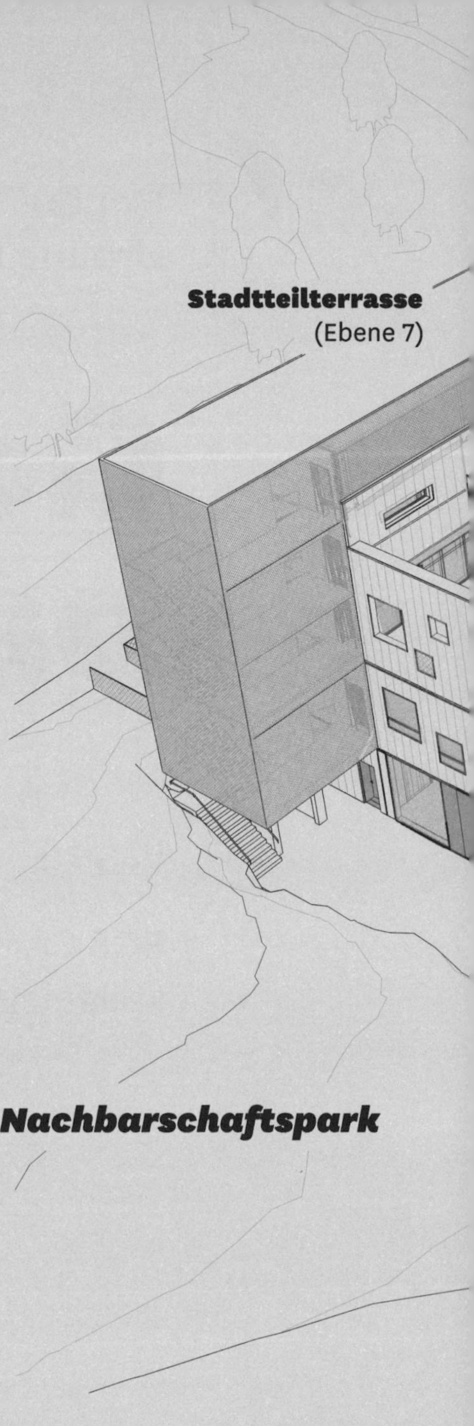

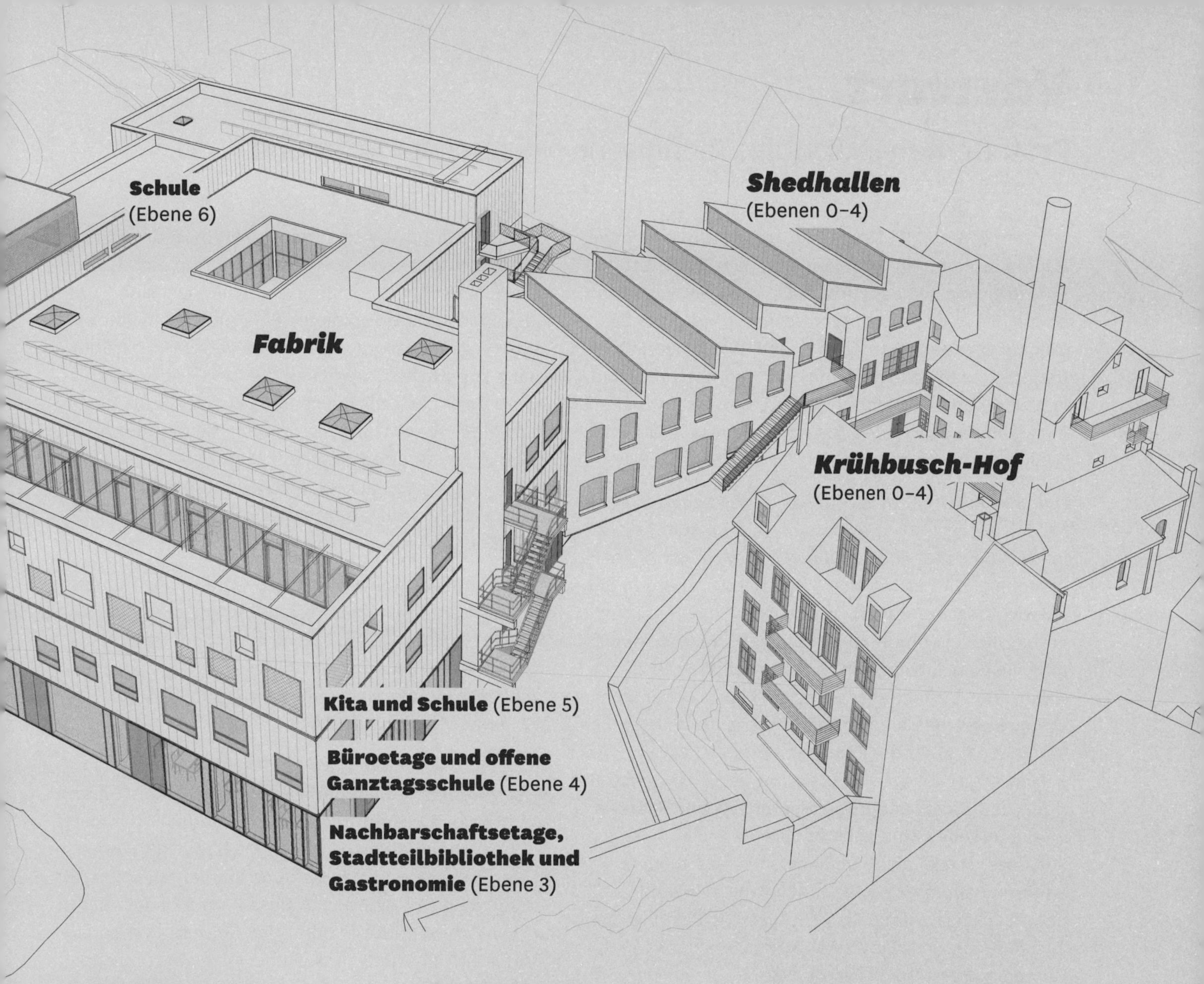
Schule
(Ebene 6)
Fabrik
Shedhallen
(Ebenen 0–4)
Krühbusch-Hof
(Ebenen 0–4)
Kita und Schule (Ebene 5)
Büroetage und offene Ganztagsschule (Ebene 4)
Nachbarschaftsetage, Stadtteilbibliothek und Gastronomie (Ebene 3)

Vorwort

Prof. Dr. Renée Tribble, Technische Universität Dortmund

Mit dem BOB CAMPUS hat die Montag Stiftung Urbane Räume wieder ein Projekt nach dem *Initialkapital-Prinzip* entwickelt, das Vorbild sein kann. Sie zeigt, dass es mit Einsatz sowie Unterstützung an den richtigen Stellen, aber auch Ausdauer, Konfliktlösungsvermögen und Vertrauen gelingen kann, Bestand nachbarschaftlich und gemeinwohlorientiert zu entwickeln und so ganz konkrete Orte des Zusammenlebens – Orte der Gesellschaft – zu bauen.

Der BOB CAMPUS macht etwas sehr Wichtiges oder, besser gesagt, etwas Wichtiges sehr richtig. Er geht in den Bestand, in ein Quartier und in eine Nachbarschaft. Und er hat sich viel vorgenommen, in der Entwicklung, im Bauen, gemeinsam, mit Menschen, verbindlich, verändernd. In solchen Prozessen weiß man nie genau, wem man begegnen wird. Statistische Daten zur Demografie verraten keine Lebensrealitäten. Einen beständigen und immer im Werden befindlichen Prozess der Entwicklung kooperativ und bisweilen sogar kollektiv zu meistern, ist anspruchsvoll. Denn Zeitpläne, Baupreissteigerungen und Materialverfügbarkeiten sind auch bei einem gemeinnützigen Stiftungsprojekt nicht weniger entscheidend als bei anderen Bauprojekten. Dennoch, was hier zählt, sind der Inhalt, das Wissen, das Erlernen und Erlernte, das Verbindende und das Ausloten von Möglichkeiten im Gemeinsamen. Damit werden Beziehungen das Entscheidende. Der BOB CAMPUS ist ein Stück Stadt, das tatsächlich aus den Menschen der Stadt besteht und mit ihnen zusammen entstanden ist. Damit gelingt etwas, was bislang noch immer Ausnahme ist.

Das Projekt zeigt, dass es möglich ist, zusammenzuwirken. Aber sollte es nicht immer genau darum gehen, die Welt gemeinsam ein Stück besser zu machen? Vielleicht können die folgenden Schlaglichter helfen aufzuzeigen, in welchen Diskursen und gesellschaftlichen Herausforderungen der BOB CAMPUS verwoben ist und welche nachahmenswerten Beiträge, Wege und Lösungen er bietet.

Der BOB CAMPUS ist:

— Stadt, weil die Stadt nicht nur aus Straßen und Häusern besteht, sondern aus den Menschen und ihren Hoffnungen (Augustinus).

— Umbaukultur und zeigt damit, dass Gebäude über ihren Errichtungszweck und ihre ursprüngliche Nutzung hinaus funktionsfähig und nutzbar sind. Die sogenannte graue (goldene) Energie, die in die Errichtung geflossen ist, geht nicht verloren. Darüber hinaus knüpft der Campus an die Identität des Ortes an und entwickelt diesen charakteristisch und unverwechselbar weiter. Die Historie der Textilindustrie – prägend für die Stadtgeschichte Wuppertals – geht mit der aufgegebenen Fabrik nicht verloren. Sanierung und Erweiterung fügen Neues hinzu, zugleich spricht der Bestand Bände.

— Stadterneuerung, weil er fragt, was er für die Stadt, den Stadtteil, die Nachbarschaft leisten kann. Und so erweitert er zum Beispiel die schulische Infrastruktur um besondere Lehr- und Lernräume oder ergänzt einen *Nachbarschaftspark* mit einem Regenrückhaltebecken und neuen Wegebeziehungen.

— ein Ort des Wissens, wo Austausch stattfindet und Wissen weitergegeben und erlernt wird. Es entstehen neue Kompetenzen, Interessen können geweckt werden oder einfach Beispiele und Vorbilder entstehen. An der Entwicklung des Campus können alle lernen und somit wächst ein kooperatives Stadtgebilde – nicht nur vor Ort, sondern auch in den Köpfen. Lernen ist positive Enttäuschungserwartung: mit etwas umgehen zu können, das anders läuft als geplant, daraus lernen und diese Erkenntnisse wertschätzen. So kann Neues entstehen.

— Kooperation, in der Stiftung, Anwohner*innen, Architekt*innen und kommunale Vertreter*innen zusammenarbeiten, sich verständigen und gemeinsam lernen. Und auch, wenn echte Kooperation auf Augenhöhe mit gleichen Zugangsvoraussetzungen schwer bis nie zu erreichen ist, so entsteht mit dem BOB CAMPUS doch ein Ort, an dem und durch den dies zukünftig vermehrt möglich sein wird.

Mit dem BOB CAMPUS zeigt die Montag Stiftung Urbane Räume, wie sich eine Immobilienentwicklung positiv auf das Gemeinwohl auswirken kann. Ich freue mich, von diesem Buch lernen zu dürfen, und sehe den nächsten Bänden der Reihe *Gemeinwohl bauen* gespannt entgegen.

Vorwort der Herausgeberin

Montag Stiftung Urbane Räume

Es gibt sie überall in Deutschland, insbesondere im dicht besiedelten und industriell geprägten Nordrhein-Westfalen: brachliegende Industrieflächen. Geschichtsträchtige Orte, an denen einst viele Menschen gemeinsam gewirkt und gearbeitet haben. Gebäude, an denen die Zeit merklich ihre Spuren hinterlassen hat. Gelände, die jede*r in der Nachbarschaft kennt, aber niemand mehr gerne betritt. Oder: wertvoller Raum mit viel Potenzial für die Bewohner*innen im Stadtteil, das darauf wartet, wieder ausgeschöpft zu werden! Wie viele Menschen stellen wir von der Montag Stiftung Urbane Räume uns die Frage: Wie kann es gelingen, aus verfallenen urbanen Räumen Orte des Gemeinwohls zu bauen? Orte, die einladen und Chancen bieten? Wie können wir heterogene urbane Räume in sozialer und kultureller Vielfalt gestalten – mit einem funktionierenden Gemeinwesen und Teilhabemöglichkeiten für alle? Im Sinne des im Grundgesetz verankerten Grundsatzes „Eigentum verpflichtet" engagieren wir uns mit eigenständigen, beispielgebenden Projekten und als Partnerin von Kommunen, Verbänden und zivilgesellschaftlichen Initiativen dort, wo Stadtteile von besonderen ökonomischen und sozialen Rahmenbedingungen geprägt sind.

Seit 2014 setzen wir dafür an bisher sechs Standorten in Stadtteilen von Krefeld, Bochum, Wuppertal, Remscheid und Halle an der Saale erfolgreich Projekte nach dem *Initialkapital-Prinzip* um: Wir investieren in leer stehende Gebäude und Gelände und erarbeiten gemeinsam mit der Nachbarschaft und zukünftigen Mieter*innen neue Nutzungskonzepte, die ihren Bedürfnissen entsprechen. Was wird gebraucht? Welche Möglichkeiten bietet der Raum? Wie kann eine Immobilie für die Nachbarschaft nützlich gemacht werden? In der Planungs- und Umbauphase legen die Menschen das Fundament für ihre Gemeinschaft – und wachsen dabei als Nachbarschaft zusammen.

Mit der Herausgabe der Reihe *Gemeinwohl bauen* möchten wir unsere Erfahrungen, Erkenntnisse und bereits gefundenen Lösungswege aus den bisher umgesetzten sehr unterschiedlichen Projekten möglichst vielen zur Verfügung stellen. Sie richtet sich an alle Stadtmacher*innen, die das Gemeinwohl in den Fokus ihres Handelns stellen oder zukünftig stellen wollen: Architekt*innen, Planer*innen, Mitarbeitende von Kommunen, Projektentwickler*innen, Akteur*innen der Zivilgesellschaft und Investor*innen.

In zwei umfassenden Bänden zeigen wir zum Start der Reihe am Beispiel der Transformation einer ehemaligen Textilfabrik zum BOB CAMPUS in Wuppertal-Oberbarmen ganz konkret, wie nach dem *Initialkapital-Prinzip* aus einer urbanen Brache ein neuer Ort der Arbeit, des generationenübergreifenden Lernens, des Wohnens und der Nachbarschaft wird.

Im hier vorliegenden ersten Band über den BOB CAMPUS erläutern wir eingangs Hintergründe, Ziele, Kriterien und konkrete Schritte des *Initialkapital-Prinzips*. Wir werfen einen Blick in das Quartier Wuppertal-Oberbarmen, auf die Historie des ehemaligen Industriestandortes und schildern Herausforderungen der Grundstückserschließung. Anschließend führt ein vor allem bildhafter Rundgang durch die zeitlich-räumliche Transformation der stillgelegten Textilfabrik in einen Ort des gemeinschaftlichen Lernens, Arbeitens, Wohnens und der nachbarschaftlichen Begegnung. Dabei durchschreiten wir die Bauteile Kapitel für Kapitel gemäß ihrer Typologie in unterschiedlichen baulichen Verfassungen nach, vor und während des Umbaus. Beginnend bei dem jüngsten Bauteil, der *Fabrik* aus den 1970er Jahren, geht es weiter über die historischen *Shedhallen* und die Wohnhäuser im *Krühbusch-Hof* bis hin zum heutigen *Nachbarschaftspark*. Das Buch gibt über die Textbeiträge auf den grünen Seiten in allen Kapiteln vertiefende Einblicke in bauliche Veränderungen, die unterschiedlichen Nutzungsbausteine und Erkenntnisse der Projektentwicklung. Wir enden mit einem Ausblick auf den zweiten Band, der voraussichtlich 2024 erscheinen wird. In diesem beleuchten wir intensiv die kooperativen Prozesse und die Entstehung der Gemeinschaft rund um das Projekt und stellen unsere Erkenntnisse, brauchbare Methoden und innovative Ansätze der partizipativen Planung und Projektentwicklung vor.

Mit beiden Büchern zeigen wir die Herausforderungen dieser komplexen Aufgabe der Transformation mit ihren baulichen und gemeinschaftsbildenden Aspekten auf und teilen alltagstaugliche Lösungswege, die bei ähnlichen Aufgabenstellungen der gemeinwohlorientierten Stadtteilentwicklung hilfreich sein können und Mut machen für mehr solche Projekte.

Einleitung

Zukunftsfähige Lösungen für die Transformation urbaner Räume

Mit der *Neuen Leipzig-Charta* der für die Stadtentwicklung zuständigen Minister*innen der Mitgliedstaaten der Europäischen Union (EU) bekommt die Gemeinwohlorientierung unter dem Titel *Die transformative Kraft der Städte für das Gemeinwohl* einen hohen Stellenwert. Auch im Bereich von Geldanlagen legt die EU ein Augenmerk auf Gemeinwohlorientierung und Nachhaltigkeit und weitet ab 2025 die Berichterstattungspflicht vieler Unternehmen über die Auswirkungen ihres Handelns auf die Gesellschaft aus. Mit den sogenannten ESG-Kriterien müssen Unternehmen Rechenschaft über ihre Aktivitäten in den Bereichen Umwelt (*environment*), Soziales (*social*) und Unternehmensführung (*governance*) ablegen. Komplexe Herausforderungen wie steigende Mieten und Lebenshaltungskosten, Klimawandel, demografischer Wandel mit einer älter werdenden Bevölkerung und der Suche nach inklusiven Ansätzen für alle Bevölkerungsgruppen machen eine gemeinwohlorientierte Entwicklung unserer urbanen Räume notwendig.

In unserer Gesellschaft sind Chancen nicht gerecht verteilt

Die Auffassung, dass allein wirtschaftlich getriebene Marktmechanismen zum Gemeinwohl führen können, wurde schon lange durch die Wirklichkeit überholt. In unserer Gesellschaft sind Chancen nicht gerecht verteilt. Ein signifikanter Anteil an Personen kann nicht oder nur eingeschränkt am wirtschaftlichen und gesellschaftlichen Leben teilnehmen. Faktoren wie der Bildungsstand, das Geschlecht, die Herkunft oder der Wohnort – oft ist es eine Kombination mehrerer Faktoren – beeinflussen die Teilhabemöglichkeiten und damit die Chancengerechtigkeit. Stadtteile, die wie Wuppertal-Oberbarmen die Funktion eines Ankunftsortes für viele Zuwander*innen haben, stehen vor der Aufgabe, die notwendigen räumlichen und strukturellen Voraussetzungen zu schaffen: genügend erschwinglichen Wohnraum, wohnungsnahe Freiflächen, kurze Wege zu sozialen Infrastrukturen und öffentlichen Einrichtungen. Soziale Netzwerke aus Akteur*innen im Stadtteil ermöglichen ihnen zudem, sprachliche Barrieren abzubauen und Zugänge zu Bildungseinrichtungen und in den Arbeitsmarkt zu finden (vgl. Hans et al. 2019: 514).

Für Städte ist es unerlässlich, Gemeinwohlziele wie solidarischen Zusammenhalt, soziale Verantwortung und Chancengleichheit für alle zu setzen – vor allem, wenn sie dynamisch wachsen oder von Strukturwandel, zum Beispiel durch die Aufgabe von Industriestandorten, betroffen sind.

Innovative Lösungen finden, die den Menschen und der Gemeinschaft dienen

Was heißt soziale Verantwortung im Wandel der Gesellschaft? Welche Herausforderungen und Veränderungen kommen auf uns zu und was bedeutet das für die Zukunft? Wie kann es gelingen, heterogene urbane Räume in sozialer und kultureller Vielfalt zu gestalten – mit einem funktionierenden Gemeinwesen und Teilhabemöglichkeiten für alle?

Stadt- und Stadtteilentwicklung stellen wichtige Handlungsfelder zur Gestaltung der Zukunft dar, obgleich ihre Wirkungszusammenhänge hoch komplex sind: „Lassen sich für ein einzelnes Gebäude noch plausible Indikatoren z.B. zur Bewertung seiner Nachhaltigkeit finden stößt dies schon auf Quartiersebene auf erhebliche Schwierigkeiten. Allein die räumliche Abgrenzung kann je nach Thema variieren. So unterscheiden sich in der Regel z.B. Schuleinzugsbereiche, soziale Vernetzungen, Strukturen der Gesundheitsversorgung oder Verkehrsbeziehungen" (zur Nedden 2018: 2).

Wie können also Städte und ihre Stadtteile als komplexe Organismen die Aufgaben der Transformation in die Zukunft leisten? „Akupunktur liefert dafür eine Antwort: Ein kleiner Stich an einer systemisch relevanten Stelle wirkt auf den gesamten Organismus [...]. Das eröffnet die Chance, mit einer kleinen Intervention große Wirkung zu entfalten. [...] Eine Schlüsselrolle spielen dabei von ihrer Lage und Symbolik für eine Stadt besonders aufgeladene Orte. Sie gilt es zu Experimentierorten der Zukunftsmacher aus dem Stadtteil und der Stadt werden zu lassen. An solchen Orten kann das Zusammenspiel aus Machen, Verändern und Lernen immer wieder erprobt werden und weit über den Stadtteil hinaus und die Stadt insgesamt ausstrahlen" (Schneidewind 2021: 52 f.).

Engagierte Menschen in diversen europäischen Städten setzen mit viel Mut und Kreativität in diesem Sinne eigenverantwortlich Gemeinschaftsprojekte in ihren Stadtteilen um. *Utopiastadt* in Wuppertal, das *Platzprojekt* in Hannover oder das Projekt *Renovar a Mouraria* in Lissabon sind inspirierende Beispiele. Doch die Hürden für die Umsetzung solcher Projekte sind groß: Die fehlende Bonität der Initiator*innen macht es schwer, Kredite bei den Banken zu bekommen, um die Grundstücke langfristig vom Immobilienmarkt zu nehmen und notwendige Baumaßnahmen zu realisieren. Die kommunalen Verwaltungen und die Projektmacher*innen verstehen sich zumindest in den ersten Jahren oft als Gegner*innen statt als Kooperationspartner*innen. Dadurch dauern Verhandlungen und baurechtliche Verfahren lange, sind zäh und nicht immer lösungsorientiert. Die überwiegend ehrenamtlich erbrachte Leistung bringt die Projektmacher*innen an persönliche Grenzen. In den Kommunen fehlt Personal. Für die Stadtteile und Städte aber entfaltet diese Art der Projekte eine unübersehbare Wirkung. Früher brachliegende Grundstücke und dem Verfall preisgegebene Gebäude werden aktiv genutzt, der Außenraum füllt sich mit Leben, die Nachbarschaft zeigt mit kulturellen Veranstaltungen ihre Vielfalt. Neu geschaffene Freiräume ermöglichen den Menschen, sich zu begegnen und gemeinsame nachbarschaftliche Projekte zu starten. Das Image eines Quartiers kann sich enorm verbessern und ganze Stadtviertel können dem überwiegend auf Profit ausgerichteten Immobilienmarkt entzogen werden. Mit Engagement und Durchhaltevermögen konnten beispielsweise die Initiator*innen zum Erhalt des *Gängeviertels*, heute organisiert in einem gemeinnützigen Verein und einer Genossenschaft, bewirken, dass die Stadt Hamburg 2009 ein großes innerstädtisches Grundstück von einem Investor zurückkaufte. Damit haben sie den Abriss eines historischen Ensembles mitten in der Innenstadt verhindert und das Leben mit Wohnen, Arbeit und kulturellen Angeboten zurück ins Viertel gebracht.

Mit dem *Initialkapital-Prinzip* Chancen für die Menschen im Stadtteil schaffen

Das *Initialkapital-Prinzip* zeigt einen Weg auf, wie engagierte Stadtmacher*innen, kommunale Mitarbeitende, Fachleute und gemeinwohlorientierte Investor*innen mit vereinter Kraft solche Projekte verwirklichen und Chancen für alle Menschen im Stadtteil schaffen können. Ausgehend von einer Bestandsimmobilie oder einem Grundstück werden in einem kooperativen Prozess Orte der Gemeinschaft und des Engagements entwickelt. Das *Initialkapital-Prinzip* ermöglicht, mit notwendigen baulichen und ideellen Investitionen erschwingliche Mieten und einen jährlichen Überschuss als Gemeinwohlrendite für gemeinnützige Projekte im Quartier.

Das *Initialkapital-Prinzip*

Wie wir vorgehen: Kriterien, Ziele und konkrete Schritte

Wir wenden das *Initialkapital-Prinzip* dort an, wo viele Menschen von Armut, mangelndem oder mangelhaftem Wohnraum, fehlenden Zugängen zu Gesundheits- und Bildungseinrichtungen und zu gesellschaftlicher Teilhabe betroffen sind. Dies ist überwiegend in Stadtteilen der Fall, die von besonderen Herausforderungen geprägt sind – Folgen des Strukturwandels durch die Aufgabe von Industriestandorten im urbanen Raum oder dynamische Entwicklungen, die die Schere zwischen Arm und Reich vergrößern.

Geeignete Standorte finden

Eine zentrale Lage im Quartier, die Anbindung an den öffentlichen Nahverkehr, die Bereitschaft der Kommune zur Zusammenarbeit und die Verfügbarkeit einer Bestandsimmobilie oder eines geeigneten Grundstücks sind wichtige Kriterien. Bedeutsam für eine wirkungsvolle Umsetzung ist außerdem ein vorhandenes quartiersbezogenes Netzwerk aus engagierten Akteur*innen der Zivilgesellschaft.

Perspektiven beleuchten, Hürden gemeinsam aus dem Weg räumen, Vereinbarungen treffen

Die Verfügbarkeit der Grundstücke sichern wir mit den Grundstückseigentümer*innen, zum Beispiel Kommunen, Wohnungsbaugesellschaften oder Privateigentümer*innen, über eine beidseitig unterzeichnete Vereinbarung ab. Wichtig für eine gute Zusammenarbeit und Transparenz ist, dass die Menschen, die für Entscheidungen verantwortlich sind, sich persönlich begegnen und kennenlernen. Ziele und Bedingungen der Projektentwicklung werden schriftlich genau formuliert. Diese sind, wie zum Beispiel der Verzicht auf die Erhebung des Erbbauzinses, später auch Bestandteile der Erbbaurechts- und Kaufverträge sowie bindender Kooperationsvereinbarungen. Die Verschriftlichung zu einem früheren Zeitpunkt ist unserer Erfahrung nach wichtig, da Ziele und Absichten der Partner*innen in Gesprächen jeweils subjektiv wahrgenommen und interpretiert werden. Gerade wenn die Beteiligten sich sehr überzeugt für eine solche Projektumsetzung engagieren, ist die Gefahr groß, trennende Themen zu übergehen oder zu vermeiden. Die Verschriftlichung macht gemeinsame Ziele, aber

Voraussetzungen für eine Projektentwicklung nach dem *Initialkapital-Prinzip*

— Der/die Grundstückseigentümer*in beabsichtigt, ein Grundstück im Erbbaurecht an eine gemeinnützige Projektgesellschaft zu übergeben.

— Dabei verzichtet der/die Eigentümer*in als Erbbaurechtsgeber*in auf die Erhebung des Erbbauzinses, solange die Gemeinnützigkeit gewährleistet ist.

— Die gemeinnützige Projektgesellschaft als Erbbaurechtsnehmerin verpflichtet sich zur Instandsetzung der Gebäude und zur Nutzung oder Bebauung des Grundstücks.

— Die gemeinnützige Projektgesellschaft unterstützt während der Planungs- und Umbauzeit die Entwicklung einer nachbarschaftlichen Gemeinschaft für ein langfristiges bürgerschaftliches/zivilgesellschaftliches Engagement im Stadtteil und ist bereit, die dazu notwendigen Mittel auf- und einzubringen.

— Ein*e gemeinnützige*r und/oder gemeinwohlorientierte*r Investor*in stellt als Hauptgesellschafter*in der Projektgesellschaft dafür mindestens 30 Prozent Eigenkapital und Zuwendungen für die gemeinwohlorientierte Projektentwicklung über mehrere Jahre zur Verfügung.

— Die Projektgesellschaft betreibt die Immobilie langfristig im Sinne einer gemeinwohlorientierten Vermietung selbstständig. Alle Überschüsse aus der Vermietung stellt sie für Ressourcen zur gemeinwohlorientierten Stadtteilentwicklung als Gemeinwohlrendite zur Verfügung. Das können Räume für nachbarschaftliche Begegnung, Personalressourcen und Geld sein.

auch mögliche Differenzen oder Missverständnisse sichtbar. Diese gilt es dann auszuhandeln. Eine Verschriftlichung bietet auch eine gute Grundlage dafür, im weiteren Projektverlauf die gemeinsamen Ziele zu überprüfen und sie gegebenenfalls veränderten Faktoren anzupassen.

Dabei ist es wichtig, auch die Perspektive der Erbbaurechtsgeber*innen zu verstehen und gemeinsam Lösungen für scheinbare Hindernisse zu finden. Befindet sich beispielsweise ein Grundstück noch im Besitz der Kommune oder einer städtischen Wohnungsbaugesellschaft, sehen sich die Verantwortlichen der Liegenschaftsämter oder die Vorstände in der Pflicht, bei der Veräußerung den höchstmöglichen Betrag zu erwirtschaften. Dies kann mit der Argumentation entkräftet werden, dass eine Gemeinwohlrendite in der Mindesthöhe des nicht erhobenen Erbbauzinses direkt in das Quartier fließt. Vorhandene Gebäude können durch eine Schenkung übertragen werden. Bei privaten Eigentümer*innen oder kirchlichen Institutionen ist auch der ideelle Aspekt nicht zu unterschätzen. Oft gibt es eine in die Mauern und Fundamente eingeschriebene Familien- oder Unternehmensgeschichte, vielleicht auch noch verbunden mit Schuld und Scham wegen der Insolvenz des Betriebs oder der Aufgabe der kirchlichen Gebäude. Die Verhandlung um aufzugebende Kirchenstandorte stößt gegebenenfalls einen Prozess der Werteentwicklung an. Der Abschied beziehungsweise die Verwandlung von geschichtsträchtigen und zentralen Orten der Gemeinschaft erfordert dann erst einmal einen in der Institution selbst angelegten Diskurs, bevor weitreichende Entscheidungen getroffen werden können. In allen Fällen ist dies eine Phase der Vertrauensbildung zwischen den zukünftigen Kooperationspartner*innen. Sie braucht Zeit, Geduld, die Fähigkeit des Zuhörens, aber auch den Mut, Forderungen und Ziele klar auszusprechen.

Bei den Verhandlungen mit Vertragspartner*innen achten wir darauf, die beabsichtigte Wirkung für die Bewohner*innen des Stadtteils, aber auch für die künftigen und gegebenenfalls bestehenden

Mieter*innen und weitere engagierte Menschen im Fokus zu halten. So konkret wie möglich sprechen wir mit den Beteiligten darüber, welche Chancen sich durch das Projekt für die Menschen im Stadtteil ergeben sollen und wie der Weg dorthin aussehen kann.

Für die Umsetzung der Projekte nach dem *Initialkapital-Prinzip* haben wir Ziele entwickelt, die über den gesamten Lebenszyklus der gemeinwohlorientierten Immobilienstandorte als Handlungsrahmen und als Grundlage einer projektspezifischen Gemeinwohlstrategie dienen.

Ziele einer Projektentwicklung nach dem *Initialkapital-Prinzip*

— Rund um das Projekt existiert eine solidarische, inklusive Gemeinschaft.

— In der Gemeinschaft gibt es Personen, die Verantwortung übernehmen, um das Projekt stetig gemeinnützig weiterzuentwickeln und langfristig zu tragen.

— Alle im Stadtteil haben bessere Chancen auf gesellschaftliche Teilhabe, Bildung und Lebenszufriedenheit.

— Die Projektimmobilie ist durch eine hohe ästhetische und funktionale Qualität ein belebter und identitätsstiftender Ort im Stadtteil.

— Das Projekt trägt sich selbst und stellt Geld und Raum für bürgerschaftliches/zivilgesellschaftliches Engagement zur Verfügung.

Konzept entwickeln und bauliche und wirtschaftliche Machbarkeit prüfen

Ausgehend von der Bestandsimmobilie folgt eine umfängliche Projektuntersuchung der baulichen und wirtschaftlichen Machbarkeit auf Grundlage einer ersten Konzeptidee. Dabei ist es sinnvoll, die Multiperspektivität möglichst unterschiedlicher Beteiligter zu nutzen: Zusammen mit Nachbar*innen, zivilgesellschaftlichen Initiativen, Bestandsmieter*innen, zukünftigen Nutzer*innen, kommunalen Mitarbeitenden und Planer*innen schaffen wir in einem kooperativen Prozess eine Vision für einen zukunftsfähigen Ort der Gemeinschaft und des Engagements. So entsteht eine von allen getragene Gemeinwohlstrategie als Leitfaden für die Jahre der Projektentwicklung und des Betriebs. Diesen Leitfaden reflektieren alle Beteiligten kontinuierlich und passen ihn bei Bedarf einvernehmlich an.

Wichtig ist hier, die richtigen Partner*innen zu finden: Fachleute für Architektur, Landschaftsplanung, Statik, Haus- und Elektrotechnik, die mit den verfügbaren Ressourcen in jeder Hinsicht schonend umgehen und Know-how für Bestandsimmobilien und Kompetenzen im Bereich kooperativer Planungsprozesse mitbringen. Die Erstellung eines betriebswirtschaftlichen Konzepts auf Grundlage einer seriösen Betrachtung der Mehrjahresplanung inklusive Instandsetzungsrücklagen, möglichem Mietausfall, zurückzuzahlenden Krediten inklusive Zinsen, Abschreibungen und Personal ist unerlässlich. Unter dieser Lupe wird die anfängliche Idee auf den Prüfstein gestellt und angepasst.

Im Hinblick auf das geschaffene Netzwerk der Kooperationspartner*innen ist hier Sensibilität, Transparenz und Offenheit gefragt. In Reflexionsschleifen müssen alle Beteiligten nötige Veränderungen kommunizieren und die gemeinsame Vision kontinuierlich weiterentwickeln.

Gemeinnützige Projektgesellschaft gründen

Für die Umsetzung des Projekts gründen wir gemeinnützige Projektgesellschaften, die vor Ort selbstverantwortlich und selbstorganisiert das Geschäft führen, die Bauherrenschaft übernehmen und Projekte für die Gemeinwohlentwicklung umsetzen. Für die ideelle Entwicklung erhalten die Projektgesellschaften jährliche Zuwendungen der Montag Stiftung Urbane Räume, zum Beispiel für den Einsatz von Gemeinwohlmanager*innen. Die Gemeinnützigkeit ist über die Satzung der Projektgesellschaft gemäß § 52 der Abgabenordnung (AO) gesichert. Die förderfähigen Zwecke in der Satzung sollten der Gemeinwohlstrategie entsprechen, zum Beispiel Förderung der Jugend- und Altenhilfe, Förderung von Kunst und Kultur, Förderung des Denkmalschutzes und der Denkmalpflege oder die Förderung internationaler Gesinnung, der Toleranz auf allen Gebieten der Kultur und des Völkerverständigungsgedankens. Die langfristige Vermietung gilt steuerrechtlich als Vermögensverwaltung. Daher muss kein Geschäftsbetrieb angemeldet werden. Dies ist für die Risikobetrachtung entscheidend, da die Montag Stiftungen das Stammkapital und das erforderliche Eigenkapital für die bauliche Umsetzung – in den größeren Projekten teilweise im hohen siebenstelligen Bereich – einbringen.

Kooperationen mit Kommunen und weiteren Partner*innen schriftlich vereinbaren

Auf Basis der baulich-wirtschaftlichen Machbarkeitsstudie und der Gemeinwohlstrategie regeln frühzeitige schriftliche Kooperationsvereinbarungen mit den Kommunen deren Beiträge im Rahmen des Projekts. Hierzu gehören die Beschaffung von öffentlichen Fördermitteln, Mietgarantien, Übernahmen von Projektteilen im öffentlichen Raum und notwendige zusätzliche Personalressourcen. Die aktive Beteiligung der Kommunen an den gemeinwohlorientierten Stadtteilprojekten ist unbedingt notwendig, auch dann, wenn die Kommune nicht als Erbbaurechtsgeberin auftritt. Erstens ist die Daseinsvorsorge, also die Bereitstellung von wirtschaftlichen, sozialen und kulturellen Dienstleistungen, im Sozialstaatsprinzip verfassungsrechtlich verankert und damit zentrale Aufgabe der Kommunen. Zweitens ist die kooperative Zusammenarbeit an Themen wie Baurecht, Denkmalschutz und Mobilitätskonzepten sowie die Entwicklung innovativer Bildungsbausteine ohne die Mitwirkung der Kommune gar nicht machbar. Drittens besteht die große Chance, sich auf ein gemeinsames Lernfeld zu begeben, Erfahrungen zu sammeln und zukunftsfähige Ansätze der Stadtteilentwicklung fortlaufend weiterzuentwickeln. In der kommunalen Verwaltung sollte eine Schlüsselperson als kontinuierliche*r Ansprechpartner*in für die Projektgesellschaft beauftragt werden, die außerdem die Kommunikation in die zuständigen Ressorts der Verwaltung verteilt. Für den erfolgreichen Projektverlauf ist es außerdem sehr hilfreich, wenn ein*e Entscheidungsträger*in der Verwaltung – zum Beispiel Oberbürgermeister*in, Kämmer*in oder Dezernent*in – die Patenschaft für das Projekt übernimmt.

Boden sichern über Erbbaurechts- und Kaufverträge

Stehen die gemeinsame Vision für den Stadtteil und die Gemeinwohlstrategie, die langfristige Kooperation mit der Kommune sowie der Nachweis der wirtschaftlichen und baulichen Machbarkeit, erfolgt die bodenrechtliche Absicherung über den Abschluss eines Erbbaurechts- und Kaufvertrags. Dabei verzichten die Erbbaurechtsgeber*innen grundsätzlich auf die Erhebung des Erbbauzinses, solange die Projekte gemeinnützig sind und im Sinne des Gemeinwohls handeln. Die Erbbaurechts- und Kaufverträge gelten in der Regel für Zeiträume zwischen 66 und 99 Jahren, damit eine langfristige Wirkung garantiert ist.

Finanzierung über Eigenkapital, Fremdkapital und Fördermittel

Vor Baubeginn sichern das Eigenkapital von gemeinwohlorientierten Investor*innen – in unserem Fall die Montag Stiftungen –, Fremdkapital von Banken und Fördermittel wie Wohnraum-, Städtebau- oder Denkmalförderung die Projektentwicklung ab. Dabei ist zu berücksichtigen, dass öffentliche Fördermittel in der Regel kurz- bis mittelfristig zwischenfinanziert werden müssen. Die Höhe des Eigenkapitals liegt in unseren Projekten im Regelfall bei 30 Prozent. Die starke und schnelle Erhöhung der Bau- und Energiekosten sowie der Zinsen in den Jahren 2021 und 2022 machte im Einzelfall eine Erhöhung des Eigenkapitaleinsatzes auf bis zu 50 Prozent erforderlich. Das eingesetzte Eigenkapital verbleibt in der Projektgesellschaft und wird nicht an die Stiftung zurückgezahlt.

Gemeinwohlorientiert bauen und vermieten

Bei erforderlichen Baumaßnahmen gehen wir ressourcenschonend vor. Wo möglich, erhalten wir die alte Bausubstanz und nutzen vorhandene Räume. Wir wägen die notwendigen Investitionskosten gegenüber den entstehenden Miet- und Nebenkosten der bestehenden und zukünftigen Mieter*innen sorgfältig ab. Die Mieten, Neben- und Energiekosten sollen langfristig erschwinglich sein. Erstere sind so berechnet, dass das eingesetzte Fremdkapital einschließlich Zinsen über einen längeren Zeitraum zurückgezahlt werden kann, sodass die jährliche Belastung für die Projektgesellschaft wirtschaftlich verträglich und die Bereitstellung von Raum und Ressourcen für gemeinnützige Aktivitäten langfristig möglich ist. Alle Überschüsse aus der Vermietung fließen so als Gemeinwohlrendite in das Quartier.

Vor Ort arbeitet ein interdisziplinär ausgestattetes kleines Team, bestehend aus Geschäftsführung, Officemanager*in, Gemeinwohlmanager*in, Hausmeisterei und Hausverwaltung. In der Planungs- und Bauzeit wird das Team gegebenenfalls durch eine*n technische*n Projektsteuer*in ergänzt. Der Bürostandort ist im Bestandsgebäude oder in unmittelbarer Umgebung und hält während der Planungs- und Bauzeit auch Raum für gemeinschaftliche Aktivitäten, Versammlungen, Planungsworkshops und offene Planungstage bereit. Wir geben Menschen die Chance, mit uns zu lernen und sich zu qualifizieren, zum Beispiel auf der Baustelle durch die Kooperation mit Qualifizierungsträger*innen im Handwerk oder als Einsatzstelle für ein Freiwilliges Soziales Jahr.

Als gemeinwohlorientierte Vermieterin übernehmen wir die Immobilienverwaltung, sind regelmäßig im Rahmen von Mietersprechstunden ansprechbar vor Ort, unterstützen im Konfliktfall bei der Lösungssuche, zum Beispiel durch den Einsatz von Mediator*innen. Wir schaffen Anlässe, zu denen die Nachbarschaft zusammenkommt, sich kennenlernt und gemeinsame Ideen für selbst organisierte nachbarschaftliche Projekte entwickelt.

Wenn die Gebäude wieder nutzbar und die elementaren baulichen Tätigkeiten abgeschlossen sind, beginnt ein neuer Abschnitt, doch die Transformation des urbanen Raums ist damit nicht abgeschlossen. Vielmehr zeigen die neu geschaffenen Räume durch ihre Gestaltung und mit ihren Spuren der Vergänglichkeit eine beabsichtigte Unfertigkeit, die Nutzer*innen zu Kreativität und Weiterentwicklung einlädt.

Strukturen für eine langfristige Wirkung für die Menschen im Stadtteil schaffen

Damit sich die Umsetzung wirklich an den Bedürfnissen der Menschen aus der Nachbarschaft orientiert, setzen wir parallel zu den planerischen und baulichen Maßnahmen einen gemeinschaftsbildenden Prozess auf. So entsteht schon in der Planungs- und Bauphase ein Netzwerk aus Nutzer*innen, Bestands- und zukünftigen Mieter*innen und Nachbar*innen, die sich bereits während der Projektentwicklung aktiv einbringen: zum Beispiel mit Hausaufgabenbetreuung, Theater- und Filmprojekten für Kinder und Jugendliche oder Nachbarschaftsfeiern.

In einem Teil unserer Projekte, der Samtweberei in Krefeld, der KoFabrik in Bochum und für das FreiFeld in Halle an der Saale, haben sich aus diesen Netzwerken gemeinnützige Vereine oder Stiftungen entwickelt, die heute eigenverantwortlich und selbstorganisiert den Betrieb der Gemeinwohlflächen im Projekt gewährleisten. In der Samtweberei sind das die Shedhalle als große überdachte Freifläche und ein Nachbarschaftswohnzimmer, in Bochum die Quartiershalle und eine städtische Freifläche im Straßenraum, in Halle an der Saale ist es der Bürgerpark FreiFeld. Die Projektgesellschaften übernehmen in diesen Fällen das gemeinwohlorientierte Immobilienmanagement und stellen einen großen Teil der Überschüsse aus der Vermietung dauerhaft den Träger*innen zur Verfügung. Daraus können die Betriebskosten der Gemeinwohlflächen und teilweise auch Personalkosten für das Gemeinwohlmanagement bezahlt werden. So werden die selbstverantwortliche nachbarschaftliche Organisation und die Bildung einer solidarischen Gemeinschaft unterstützt. Je unterschiedlicher die Zusammensetzung der vor Ort aktiven Menschen in Bezug auf Alter, kulturelle Prägung und wirtschaftliche Situation ist, desto mehr Perspektiven fließen in den kontinuierlichen Prozess zur Weiterentwicklung des Stadtteilprojekts ein. Für diesen Prozess braucht es Zeit, daher übernimmt die Projektgesellschaft in anderen Fällen, wie zum Beispiel beim BOB CAMPUS, für eine unbestimmte Zeit auch das Management der Gemeinwohlflächen.

Fluchtweg
Shedhalle

Flucht- und Rettungsplan

OPEN·SPACE
Willkommen
BOB CAMPUS TOUR
Scannen und ent-decken!
Prinzipien
PLENUM

BOB
CAMPUS

SKATE FABRIK

Quartier, Grundstück und Konzept

Der Geist des Ortes oder was am Anfang wichtig ist

Prolog
2017 – das erste Mal

Über 17 Höhenmeter liegen zwischen dem östlichen Zugang an der Max-Planck-Straße und dem westlichen an der Wichlinghauser Straße auf das ehemalige Fabrikareal in Wuppertal-Oberbarmen. Ein großer Teil der Grundstücksfläche liegt brach und die ersten Pionierpflanzen wie Sommerflieder und Disteln machen es sich auf den Schutthalden aus vergangenen Zeiten gemütlich. Als wir das erste Mal von der Nordbahntrasse aus auf die Industriebrache blicken, baut sich als großer, grauer, geschlossener Klotz der Fabrikanbau aus den 1970er Jahren auf, der wie ein Fremdkörper im Quartier wirkt. Etwas versteckt hinter dem Anbau erstrecken sich historische Shedhallen – unzugänglich, die Fensteröffnungen sind größtenteils zugemauert, der Innenputz bröckelt, die Dächer undicht, keine Heizung, kein Wasser. Ein ähnliches Bild bieten die zwei dahinterliegenden Gründerzeithäuser: stark fortgeschrittener Verfall, undichte Dächer und Fenster, die ehemaligen Betriebswohnungen ohne Heizung und Bäder, bis auf zwei Wohnungen Leerstand, Schwamm- und Taubenbefall im Dachstuhl. Shedhallen und Wohnhäuser bilden einen gemeinsamen Hof, der wie eine Kulisse für einen historischen Film anmutet. Die unterste Halle, einschließlich eines kleinen eingeschossigen, mit gelben Fliesen verkleideten Anbaus aus den 1960er Jahren, nutzt ein Schrotthändler. Überall liegt Metall, das aus der Halle in den Hof und zwischen den liebevoll von den beiden übrig gebliebenen Haushalten gepflegten Kübelpflanzen quillt. Einer der beiden verbliebenen Bewohner*innen, die über 40 Jahre Angestellte der Textilfabrik Bünger Oberbarmen waren, macht täglich einen Rundgang durch seine ehemalige Arbeitsstätte. Er hat noch alle Schlüssel und wird der erste Hausmeister der ungefähr ein dreiviertel Jahr später neu entstehenden gemeinnützigen Projektgesellschaft werden, die dann das Areal vom bisherigen Eigentümer in Erbbaurecht übernehmen wird.

Das Verhältnis von Gebäude, Menschen und Geld neu denken

In der Antike glaubten die Menschen, dass Orte ebenso wie Menschen einen Schutzgeist haben – den Genius Loci. Dieser Begriff wandelte sich und wurde in der modernen Architektur weniger auf den Schutz des Ortes als auf seinen Charakter und die dort vorhandene Atmosphäre bezogen.

Was sich ebenfalls wandelte, war die Gewichtung in der Beziehung Gebäude – Geld – Menschen. Schon immer dienten Gebäude auch als Ausdruck von Wohlstand und Status, jedoch eng verknüpft mit den Errichtenden und ihrem Publikum. Seit der Industrialisierung tritt mehr und mehr der Aspekt der Wertschöpfung in den Vordergrund – und hier vor allem der finanzielle Gewinn. Ein neues Gebäude entsteht durch den Einsatz von Finanzmitteln sowie Energie und Baustoffen. Während die in der Bausubstanz steckenden Ressourcen gebunden sind, entwickelt sich der finanzielle Wert weiter. Die Immobilie erwirtschaftet als Mietobjekt oder Produktionsstandort Geld. Gleichzeitig ist sie eine Wertanlage, mit der sich am Finanzmarkt arbeiten lässt. Nicht mehr der Mensch, der die Immobilie nutzt, mietet oder bewohnt, steht im Vordergrund des Bauens, sondern die Gewinnsteigerung.

Die Rückbesinnung auf den Genius Loci bietet die Chance, den Menschen wieder in den Mittelpunkt der Aktivitäten zu rücken. Im Umgang mit Bestandsgebäuden kommt neben der emotionalen Komponente die handfeste vorhandene Bausubstanz hinzu. In ihr sind Ressourcen und Energie gespeichert – die sogenannte graue Energie. Ihre Nutzung, beispielsweise durch Erhalt und Umbau, reduziert die Menge an notwendiger Energie für die durchzuführenden Baumaßnahmen. Der Transformationsprozess der Textilfabrik August Bünger Bob-Textilwerk zum BOB CAMPUS zeigt einen Weg, das Verhältnis von Gebäude, Menschen und Geld neu zu denken. Dabei weist der bewusst gewählte Begriff Campus darauf hin, dass hier Menschen – jenseits industrieller, aber auch akademischer Welten – zusammenkommen und sich für Chancengleichheit einsetzen.

Historische Hintergründe geben Aufschluss über den Geist des Ortes

Ende des 19. Jahrhunderts herrschte in Wuppertal Aufbruchsstimmung: Die ortsansässige Textilindustrie erhielt durch Erfindungen wie die Chemiefaser und den ersten vollmechanischen und dampfbetriebenen Bandwebstuhl einen Innovationsschub. In dieser Zeit, genauer 1890, wurden die Shedhallen im Stadtteil

Oberbarmen der damals noch eigenständigen Stadt Barmen auf einem früheren Steinbruch errichtet. Sie boten ursprünglich als sogenannte Mietfabrik Einzelpersonen und kleinen Unternehmen die Möglichkeit, ihre Produkte in einer Gemeinschaft zu produzieren – wie raumwerk.architekten im Rahmen ihrer Machbarkeitsstudie herausfanden. Eine gemeinsame Dampfmaschine in der eingeschossigen Remise mit hohem Schornstein trieb alle Webstühle und Flechtmaschinen an.

Die rasanten technischen Entwicklungen führten auch zum schnellen Wachstum einzelner Unternehmen. Eines davon waren die Vereinigten Schnürriemenwerke Vorsteher & Bünger, die die Shedhallen und die anliegenden Betriebswohnhäuser in der südlich angrenzenden Straße Krühbusch übernahmen und damit den Grundstein für das weitere Unternehmenswachstum legten. In der Remise wurden fortan die Bleikügelchen für die Produktion von Bleibändern zum Beschweren von Vorhängen gefertigt, in den Shedhallen ratterten weiter die Webstühle, weithin im Quartier zu hören.

In der Wichlinghauser Straße weihte die Firma 1925 ein neues Verwaltungsgebäude ein. Es folgten Jahre des Wachstums. Neben dem Ankauf weiterer Liegenschaften in Wuppertal baute August Bünger, der Gründer der späteren Firma August Bünger Bob-Textilwerk, für die Produktion und den Vertrieb von Schmalbandtextilien, Gardinenbändern, Gardinenzubehör, Dekorationen, Schuhzubehör, Senkeln, Bekleidungszubehör und weiteren technischen Textilien auch den Standort in Wuppertal-Oberbarmen aus (vgl. Heyken 2017: 25 ff.). In den 1970er Jahren erfolgte dann eine letzte räumliche Erweiterung, eine mehrstöckige Fabrikhalle als Stahlskelettbau auf dem Nachbargrundstück, das zuvor von einer Gärtnerei genutzt worden war. Dieser Baukörper lag nun mit seinem abweisenden, geschlossenen Gesicht zur Nordbahntrasse, die damals noch als Eisenbahnstrecke für den Personen- und Güterverkehr diente. Die Fabrikhalle spielte durch ihre Lage und ihre Dimension fortan eine besonders prägende städtebauliche Rolle im Quartier. Im Rahmen des Neubaus dachten die Erb*innen und Nachfolger*innen des Gründers damals deshalb auch daran, den Firmenstandort aus dem direkten Wohnumfeld zu verlegen. Doch „Bemühungen des Amtes für Wirtschaftsförderung, die Firma an anderer Stelle unterzubringen, scheiterten nicht nur an den hohen Verlagerungskosten, sondern vor allem an der Tatsache, dass die überwiegende Anzahl der hier beschäftigten Frauen ihren Wohnsitz in unmittelbarer Nachbarschaft [hatten]" (Stadt Wuppertal 1971). Über 300 Beschäftigte zählte die Firma in ihrer stärksten Phase.

Wenige Jahrzehnte später aber setzten ihr die sinkende Nachfrage sowie die Verlagerung der Textilproduktion in andere Teile der Welt zu. Der Versuch, sich weiter auf dem Markt durchzusetzen, war vergeblich. Eine Nische für das Fortbestehen fand das Unternehmen nicht und so musste die Textilfabrik 2012 Insolvenz anmelden und die noch verbleibenden 60 Mitarbeitenden entlassen (vgl. Koch 2012). Zahlreiche in Heimarbeit tätige Frauen, die als Zulieferinnen arbeiteten, kamen als Leidtragende dazu. Für die Nachbarschaft und das Quartier wurden die zunehmend marode Immobilie und das gesamte Areal ein Symbol für Niedergang und Verfall. Wo einst Webstühle ratterten, suchte sich das Wasser seinen Weg; in den Betriebswohnhäusern nisteten sich Tauben und der Hausschwamm ein. Das Gelände selbst verwilderte und entwickelte sich mehr und mehr zu einem Ort der Unsicherheit und des Unbehagens.

Einzelne erprobten Zwischennutzungen. Ein Start-up für Komposttoiletten, ein Verein für Eisenbahnmodelle und ein Skaterverein versuchten, den Ort für sich nutzbar zu machen. Der Sanierungsstau war jedoch so gravierend, dass eine ganzjährige Nutzung unmöglich war. Es gab keine Heizung, die Dächer waren undicht, die Stromleitungen veraltet und der Aufenthalt in den Räumen dadurch gefährlich. Die Hallen standen überwiegend leer oder wurden als Lager- und Abstellflächen für Aussortiertes genutzt. Eine kleine Gruppe aktiver Menschen aus anderen Wuppertaler Stadtteilen eignete sich einen Teil des Geländes sporadisch als Garten an und so entstanden nach und nach erste kleine Impulse für eine Transformation des geschichtsträchtigen Ortes.

Mit dem Erbbaurecht Boden für die Gemeinnützigkeit langfristig sichern

Anfang 2017 besuchten wir auf Einladung der Nachkommen des Firmengründers erstmals die leer stehenden Gebäude auf dem ehemaligen Fabrikgelände. Gemeinsam mit ihnen wuchs in vielen Gesprächen die Zuversicht, dass nach dem *Initialkapital-Prinzip* und dem Vorbild des Pilotprojekts Samtweberei aus der stillgelegten Fabrik ein Ort für die Menschen und die Gemeinschaft entstehen kann. Die Familie erklärte sich bereit, uns große Teile des Areals im Erbbaurecht auf 99 Jahre zur Verfügung zu stellen und auf die Erhebung des Erbbauzinses zu verzichten, solange die Gemeinnützigkeit gewährleistet ist. So konnten wir gemeinsam mit der Eigentümerschaft privaten Grund in die Gemeinnützigkeit überführen. Die Erb*innen des Firmengründers leisteten damit einen wichtigen Beitrag auf dem Weg zum Stadtteilprojekt. Das 1925 eingeweihte große Verwaltungsgebäude nördlich der Nordbahntrasse und weitere Immobilien im Quartier blieben im Besitz der Familie, die als Immobilienverwaltung nachvollziehbar von der neuen Standortentwicklung anstelle des fortschreitenden Verfalls profitiert – eine Win-win-Situation.

Im Zuge der Erweiterung der Firma August Bünger Bob-Textilwerk hatte die Eigentümerfamilie in der Vergangenheit zum Schlüsselgrundstück zwischen Max-Planck-Straße und Krühbusch nach und nach weitere Grundstücke in unterschiedlichen Flurstücken dazugekauft, um das Industrieareal bis zur Bahntrasse auszuweiten und Raum für die damals noch geplante Expansion zu schaffen. Daraus resultierten unterschiedliche Erb- und Besitzverhältnisse für kleine Flurstücke, insbesondere in für den *Nachbarschaftspark* und notwendige Parkplätze vorgesehenen Bereichen. Zwar konnte die Projektgesellschaft das Schlüsselgrundstück bereits Ende 2017 durch den Erbbaurechts- und Kaufvertrag sichern. Für das Gesamtvorhaben kaufte sie dann schlussendlich noch kleinere Teilgrundstücke von der Eigentümerfamilie und der Stadt Wuppertal dazu. Dies führte zwar zu unvorhergesehen langen und zähen Verhandlungsgesprächen und zu erheblichen Zeitverzögerungen; diese Schritte der grundbuchrechtlichen Absicherung waren aber notwendig, um ein zusammenhängendes Grundstück langfristig für die Öffentlichkeit verfügbar zu machen und notwendige Stellplätze nachweisen zu können. Erst dann konnten Kreditverträge für die Fremdfinanzierung abgeschlossen und Förderanträge für die Städtebau- und Wohnraumförderung gestellt werden. Um nicht zu viel Zeit zu verlieren und die Gebäudesubstanz nicht weiter dem Verfall zu überlassen, mussten wir für die Zeit bis zur Bewilligung der Kredit- und Fördergelder auf eigenes Risiko Eigenkapital für Altlastenuntersuchung, Planung und weitere Projektentwicklungsschritte einsetzen.

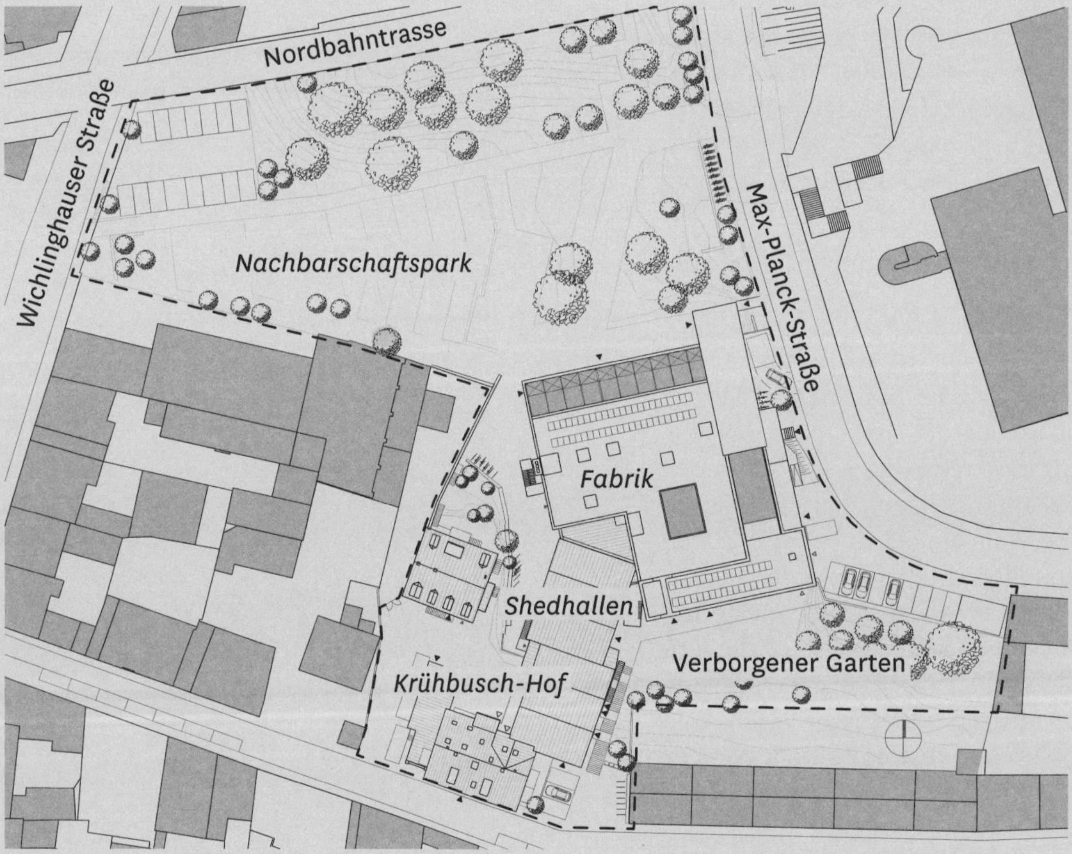

GERIE
FISCH
BRATEREI
FAHRSCHULE
SCHMIDT
1210
Wichlinghausen Markt
16
W-EJ 401
W-AK 175
W-L 899

sstr.
Giesenberg

III

Firma August Bünger

Juni 71

5

6

BUS
Sporthalle
Wichlinghausen

SPOR
Heinrich He
Giesenberg

Blick ins Quartier: Diversität prägt die Nachbarschaft

Der BOB CAMPUS liegt im Osten Wuppertals, im Stadtbezirk Oberbarmen mit rund 45.000 Einwohner*innen. Näher herangezoomt befindet sich der Campus direkt am Übergang der beiden Quartiere Oberbarmen-Schwarzbach und Wichlinghausen-Süd. Die Grenze bildet die mächtige Nordbahntrasse, deren backsteinrote Viadukte an einigen Stellen hoch über den Straßenräumen thronen. Die ehemalige Bahnstrecke ist heute ein wichtiger und beliebter Fuß- und Radweg, der Wuppertal ebenerdig auf einer Länge von 22 km von Ost nach West durchzieht.

Die beiden Quartiere sind typische ehemalige Arbeiterviertel mit dichter Bebauung und alten, historisch gewachsenen Fabriken inmitten von Wohnhäusern. Viele Straßen, die sich von der Talachse aus, dem stadtnamensgebenden Tal der Wupper, die Hügel hochschlängeln, werden von Gründerzeithäusern gesäumt, teils gut erhalten, teils sanierungsbedürftig. Die circa 26.000 Menschen, die hier leben, haben familiäre Wurzeln in über 100 Ländern. Zuwanderung und Diversität prägen seit Jahrzehnten die Nachbarschaften und Stadtteile rund um den BOB CAMPUS. Zudem leben hier im städtischen Vergleich überdurchschnittlich viele Kinder und Jugendliche, was im Straßenbild deutlich sichtbar ist und für Lebendigkeit sorgt. In unmittelbarer Nachbarschaft befinden sich heute drei Kindertagesstätten, die Grundschule Wichlinghausen und das Schulzentrum Ost mit der Max-Planck-Realschule und dem Carl-Duisberg-Gymnasium. Etwas weiter entfernt, aber fußläufig gut erreichbar liegen die Hauptschule Oberbarmen Hügelstraße und das Berufskolleg Barmen.

Das industrielle Standbein ist längst weggebrochen. Für viele Menschen und Familien gehören Armut und Erwerbslosigkeit, Ausgrenzung und Diskriminierung zum Alltag. Um den Strukturwandel zu meistern und neue Perspektiven für den Wuppertaler Osten zu eröffnen, fließt seit 2012 öffentliches Geld dorthin. Mit der Städtebauförderung im Rahmen des Bund-Länder-Programms Soziale Stadt / Sozialer Zusammenhalt wurden öffentliche Einrichtungen baulich modernisiert sowie neue Spielplätze und Freiräume angelegt. So wurde mit Städtebaufördermitteln auch die Umwandlung eines großen Teils des Grundstückes des BOB CAMPUS zu einem *Nachbarschaftspark* mit Zugang zur Nordbahntrasse gefördert. Dies wurde frühzeitig in einer durch den Rat der Stadt genehmigten Kooperationsvereinbarung zwischen der neu gegründeten Projektgesellschaft Urbane Nachbarschaft BOB, der Montag Stiftung Urbane Räume und der Stadt Wuppertal festgelegt. In der Kooperationsvereinbarung gab die Stadt Wuppertal außerdem Mietgarantien für den Betrieb einer Kita und für Schulfachräume für das unmittelbar angrenzende Schulzentrum Ost. Dies war ein weiterer wichtiger Baustein und Voraussetzung für die Investition der Montag Stiftungen in den Stadtteil.

Gemeinsam Ideen entwickeln für die Bedarfe der Menschen im Stadtteil

Die vorhandenen Räume der ehemaligen Fabrik inspirierten zu Ideen für neue Nutzungen, die dem Stadtteil zugutekommen: große freie Flächen im und um das Fabrikgebäude, die Raum für Aktivitäten und viele Menschen bereithalten. Die Shedhallen aus der Zeit der Industrialisierung weisen eine Architektur auf, die den handwerklichen Entstehungsprozess spüren lässt. Und in den Gründerzeitwohnhäusern lebten noch zwei ehemalige Werksarbeiter*innen, die von der Zeit erzählen konnten, als sie in der Fabrik noch Kurzwaren herstellten. Im Dialog zwischen Bestand und Transformation machten das Architekturbüro raumwerk.architekten und das Landschaftsarchitekturbüro atelier le balto als Projektpartner*innen die Geschichte sichtbar und entwarfen eine ganzheitliche Vision für die Zukunft des BOB CAMPUS.

Dafür stellten wir uns folgende Fragen: Welchen konkreten Beitrag kann die Immobilie für den Stadtteil Oberbarmen leisten? Wie sieht die Problemlage tatsächlich aus? Was sind die Bedarfe? Welche Nutzungen machen Sinn, passen zur Gebäudestruktur und wirken sich im Hinblick auf Chancengerechtigkeit positiv auf die Menschen aus? Um den Antworten näherzukommen, standen viele Gespräche und Werkstätten mit örtlichen Akteur*innen auf dem Programm.

Für die umliegende Nachbarschaft war das brachliegende Grundstück mit verfallenden und abweisenden Gebäuden ein unwirtlicher Ort geworden und die Gespräche mit verantwortlichen Einrichtungen der sozialen Arbeit, mit Schul- und Kindergartenleitungen machten die Dimensionen der Herausforderungen im Stadtteil deutlich: Kinderarmut, Mangel an Wohnungen für große Familien, fehlende Räume für Bildung, zu wenige Freiräume für die Nachbarschaft.

Dem intensiven Prozess einer kooperativen Planung im Rahmen von Planungsworkshops, offenen Planungstagen und unterschiedlichen Beteiligungsformaten mit der Nachbarschaft, den Planer*innen, zukünftigen Nutzer*innen und kommunalen Mitarbeiter*innen widmet sich der zweite Band dieser Buchreihe. Das Ergebnis dieses Prozesses bildete die Grundlage für die räumlichen und baulichen Lösungen.

Kerninhalte des Konzepts für den BOB CAMPUS

- Entwicklung eines Stadtteilcampus, der die anliegenden Bildungsinstitutionen und eine Kita integriert und Möglichkeiten für weitere Angebote schafft
- Schaffung einer Etage und eines Parks als inklusive Möglichkeitsräume für die Nachbarschaft und Stadtteilgemeinschaft
- Offene und flexible Raumkonzepte für gewerbliche Vermietung
- Das Grundprinzip des Teilens für den gesamten Campus, das die Mehrfachnutzung von Räumen und Infrastruktur ermöglicht
- Erhalt des historischen Gesamtensembles als Zeichen der sich wandelnden Industriekultur
- Erhalt der vorhandenen Tragstrukturen der Gebäude und von möglichst viel der alten Bausubstanz
- Kernsanierung der ehemaligen Betriebswohnhäuser mithilfe von Wohnraumförderung und Umbau in große, größtenteils barrierefreie Wohnungen
- Neue, möglichst barrierefreie Wege durch das Areal für die Stadtteilbewohner*innen
- Energetische Sanierung zur Reduzierung des Energieverbrauchs und der damit verbundenen Kosten sowie sichtbares Zeichen des Aufbruchs in die Zukunft durch neue Gestaltungselemente

Es galt, die große, bisher verschlossene und industriell genutzte Fläche allen Menschen unabhängig von ihrer körperlichen Verfassung zugänglich zu machen. Dies war angesichts der Topografie mit einem Höhenunterschied von circa 17 m auf dem Grundstück eine Herausforderung. Zugleich sollten neue Außenräume entstehen, die die Menschen zum Aufenthalt einladen und die Lebensqualität vor Ort steigern. Die örtlichen Begebenheiten bargen das Potenzial, Wege innerhalb des Quartiers zu verkürzen und den fußläufigen gegenüber dem motorisierten Verkehr zu stärken, insbesondere durch einen Zugang von der Nordbahntrasse.

Für bau- und privatrechtliche Lösungen braucht es einen langen Atem

Gemäß Bebauungsplan handelte es sich bei der gesamten Fläche um ein Industriegebiet, einschließlich der gründerzeitlichen Wohnhäuser. Für diese lagen zwar keine Bauakten vor, jedoch schrieb der Bebauungsplan die Nutzung für „Betriebswohnen" fest. Dies bedeutete, dass der Bauantrag auch eine Änderung des Bebauungsplans notwendig machte. Hinzu kamen etliche, für derartige Projektentwicklungen typische, notwendige Baulasteintragungen für Feuerwehrzufahrten, Abstandsflächen und Stellplatznachweise sowie Einträge von Dienstbarkeiten in Grundbücher für Wege- und Leitungsrechte. Mit einem Mobilitätskonzept, das Planungen zu Carsharing, Mehrfachnutzung, zahlreichen zusätzlichen Fahrradstellplätzen und dem unmittelbaren Zugang über die als Radweg genutzte Nordbahntrasse berücksichtigte, ließen sich die baurechtlich geforderten Stellplätze für Personenkraftfahrzeuge zwar deutlich reduzieren. Dennoch brauchten die zukünftigen Bewohner*innen, Mitarbeiter*innen der mietenden Unternehmen und der Kita sowie Besucher*innen von Veranstaltungen auf dem BOB CAMPUS zusätzliche Parkmöglichkeiten für Fahrräder und Autos. Dies gestaltete sich kompliziert, da das Gesamtareal aus unterschiedlichen Flurstücken besteht und baurechtlich auch dann Baulasten für Abstandsflächen und Parkplätze eingetragen werden müssen, wenn sie im selben Besitz sind. Auch der Erbbaurechtsgeberschaft wurden in diesem Zuge Parkplätze für ihre im Besitz bleibenden anliegenden Liegenschaften als Baulasten zugesichert.

Später sollte sich noch herausstellen, dass eine auf der Grundstücksgrenze stehende marode Mauer keine Grenzmauer, sondern ursprünglich die Außenwand eines früher abgerissenen Gebäudes auf dem Grundstück der Textilfabrik war. Dazu lagen keine Planunterlagen vor. Diese Situation führte zu vielen Diskussionen mit dem betroffenen Nachbarn, die alle Beteiligten Zeit, Geld und Nerven kostete. Schließlich konnte eine einvernehmliche Lösung gefunden werden. Wir haben daraus gelernt, dass die Untersuchung der nachbarschaftlichen Grenzen genauer und früher hätte erfolgen müssen.

Nur mit geduldiger Kommunikation sowie viel Flexibilität und Kooperationsbereitschaft seitens aller Beteiligten war es möglich, die Grundvoraussetzungen für die Projektentwicklung zu schaffen. Ein beim Büroleiter des Oberbürgermeisters eingerichteter Lenkungskreis war dabei ein immens wichtiger und hilfreicher Faktor. In monatlichen Sitzungen kamen Erbbaurechtsgeberschaft, Projektgesellschaft, Architekturbüro und die Ressortleitungen der Stadtverwaltung zusammen. Auch wenn die Bereitschaft hoch und die erforderliche fachliche Kompetenz aufseiten der Beteiligten gegeben waren, haben wir die Komplexität und zeitliche Dimension in dieser ersten Phase des Vorhabens unterschätzt. Bei einer solch komplexen Grundstückssituation ist von unvorhersehbaren Kosten und zeitlichen Verzögerungen bei der Grundstückserschließung auszugehen.

Neue Wege und Zugänge für die Menschen im Quartier schaffen

So gelang es mit der Umnutzung des ehemaligen Fabrikareals auch, eine völlig neue Stadtraumqualität zu schaffen: Ein neuer Fußgängerweg verbindet heute von Ost nach West die Max-Planck-Straße mit der Wichlinghauser Straße und ist damit ein beliebter autofreier Weg für die Schüler*innen der anliegenden Schulen und für viele Quartiersbewohner*innen.

Der neue außen liegende Erschließungsturm an der Max-Planck-Straße ermöglicht die barrierefreie Erreichbarkeit der Büroetage in der *Fabrik*, der Nachbarschaftsetage und des *Nachbarschaftsparks*. Dieser Aufzugs- und Treppenraum ist mit gelb lackiertem Streckmetall umhüllt und bildet so zusammen mit der neuen transparenten Fassade der *Fabrik* die weit sichtbare Landmarke des BOB CAMPUS im Quartier.

Ebenso präsentiert sich der BOB CAMPUS selbstbewusst und einladend in Richtung Nordbahntrasse, die heute eine der wichtigsten autofreien Verbindungen zwischen den Wuppertaler Stadtteilen im Osten und Westen darstellt. Der neue Zugang von der Nordbahntrasse vernetzt den Campus mit dem umliegenden Stadtgebiet.

Im Süden des Grundstücks, am Fuß der historischen Shedhallen der ehemaligen Textilfabrik, unterbricht heute ein kleiner Platz die Häuserfront entlang der engen Straße Krühbusch und legt den ursprünglichen Blick auf das Gebäude wieder frei. Er entstand durch den Abriss eines gelb gefliesten Anbaus aus den 1960er Jahren. Der kleine Platz rückt die *Shedhallen* wieder an die Straße heran.

Zudem bildet er den Auftakt zur neu angelegten Freitreppe aus Sichtbeton. Sie verläuft entlang der alten Backsteinfassade im Osten der *Shedhallen* und bietet jedem neu geschaffenen Büroloft einen direkten Zugang von der Straße – eine eigene Adresse. Über diese Freitreppe erreichen auch die Bewohner*innen des südlich gelegenen Wohnquartiers zwischen Krühbusch und Berliner Straße auf direktem Weg die Stadtteilbibliothek, die Nachbarschaftsetage und den Park. Diese Wegverbindung macht die Schnittstelle zwischen *Shedhallen* und *Fabrik* zu einem wahrnehmbaren Ort der Arbeit und Bildung im Quartier.

Ein weiterer Aufzugsturm im *Krühbusch-Hof* ermöglicht einen barrierefreien Zugang zu den Bürolofts in den *Shedhallen*, zu einem Teil der neu geschaffenen Wohnungen als auch zum höher gelegenen Plateau mit Eingang zur Nachbarschaftsetage und *Nachbarschaftspark*. Beide neu geschaffenen Aufzüge sind für alle Mieter*innen und über den Außenraum auch mit einem Euroschlüssel zugänglich. Der Euroschlüssel steht europaweit körperlich beeinträchtigten Menschen zur Verfügung und ermöglicht ihnen den Zugang zu öffentlichen Aufzügen und Sanitäranlagen. Aufgrund der Topografie war es uns leider nicht möglich, den gesamten *Nachbarschaftspark* auf dem BOB CAMPUS barrierefrei zu erschließen. Jedoch konnte die Situation für alle Bewohner*innen des Stadtteils erheblich verbessert werden.

Die neu geschaffenen Wege schaffen kurze, autofreie Verbindungen, verknüpfen das südlich gelegene Wohnquartier mit dem Campus und ermöglichen über die Nachbarschaftsetage eine neue fußläufige Durchquerung innerhalb des Stadtteils. Aufgrund ihrer Lage als Knotenpunkt der neuen Wegeverbindungen, der horizontalen und vertikalen Erschließungsachsen auf dem Campus und ihrer Funktion als Ort des Gemeinwohls ist die Nachbarschaftsetage das Herz des BOB CAMPUS.

LA HAINE

Eröffnung des BOB CAMPUS
Freitag 19. August 2022
Eröffnung des BOB CAMPUS
Freitag 19. August 2022
mach mit

BOB
CAMPUS

BOB
CAMPUS

Rundgang: *Fabrik*

Der Vielfalt des Stadtteils Raum geben

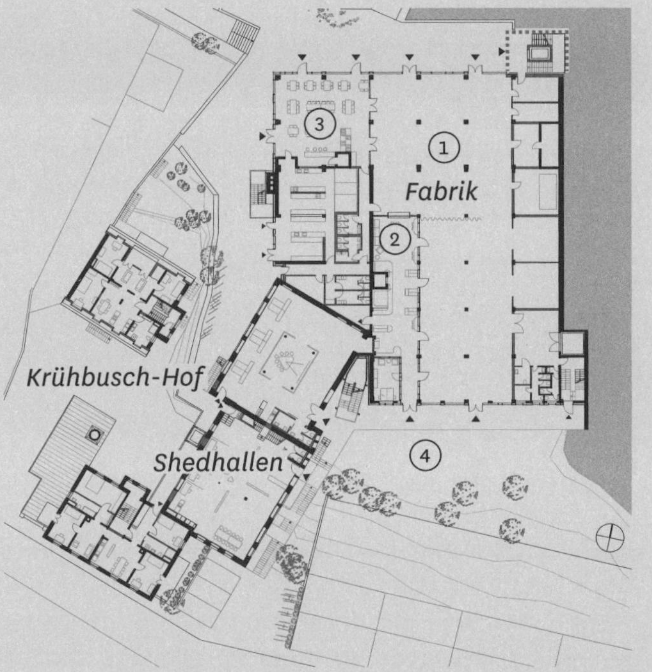

<u>Ebene 3:</u>
Nachbarschaftsetage (1)
Stadtteilbibliothek (2)
Gastronomie (3)
Verborgener Garten (4)

Wir betreten die Nachbarschaftsetage durch große, einladende Doppeltüren in der raumhohen Glasfassade der untersten Ebene der *Fabrik*. Eine Fläche von über 750 m² steht hier für gemeinnützige nachbarschaftliche Aktivitäten bereit. Die Innenfassaden und ein großes Schaufenster aus Holz und Glas geben den Blick frei in die Stadtteilbibliothek und in den Gastraum der Gastronomiefläche auf derselben Ebene, in dem auch eine Viertelsküche mit mobilen Küchenelementen zur gemeinschaftlichen Nutzung zur Verfügung steht.

Wie in allen Bauteilen der ehemaligen Textilfabrik wurde die Haus- und Elektrotechnik komplett erneuert. Eine Akustikdecke sorgt für bessere Raumakustik, Gitterelemente unter der Decke schützen die neuen Leuchten vor Ballwurf, Stahlgitterwände trennen Lagerflächen ab, ein Vorhang aus schwarzem Stoff ermöglicht die räumliche Trennung des nördlichen und südlichen Teils der Halle. Der Estrich aus dem Bestand erinnert mit seiner Patina an die frühere industrielle Nutzung genauso wie die offenliegende Tragstruktur aus Stahlstützen und Stahlbetonträgern. Das Unfertige verleiht der Halle ihren etwas rohen, flexiblen und zugleich offenen Charakter mit viel Raum für kreative Ideen. Sie ist in ihrer Funktion nicht vorprogrammiert und lässt so Spielraum für weitere Entwicklung und zum Weiterdenken.

Kochen, Lernen, Tanzen, Lesen

Die Nachbarschaftsetage steht allen offen. Menschen aus dem Stadtteil bringen hier ihre Ideen ein und setzen diese selbst um. Seit der Eröffnung der Halle im August 2022 nutzen viele diese Möglichkeit: Nachbar*innen treffen sich dort regelmäßig zum Kochen und Jugendliche des Stadtteils zu Hip-Hop-Jams. Ehrenamtliche geben Yoga- und Tanzstunden, Frauen aus der Nachbarschaft bieten Hausaufgabenbetreuung an. Die Viertklässler*innen des offenen Ganztags der benachbarten Grundschule kommen zum Spielen, Toben und Filmen. Lese- und Spielecken der Stadtteilbibliothek stehen allen in der Halle zur Verfügung. Darüber hinaus gibt es vielfältige Kooperationen mit Kunst- und Kultureinrichtungen, Bildungsträger*innen und Vereinen der migrantischen Selbstorganisation. Diese Kooperationspartner*innen nutzen die Halle zum Beispiel für Ferienangebote, Tanz- und Theaterworkshops und Kulturfeste.

Überschüsse aus der Vermietung sichern Betrieb der Gemeinwohlflächen

Die Betriebskosten, nötige Anschaffungen und die Personalressourcen für die Organisation der nachbarschaftlichen Aktivitäten werden über die im Gesamtbetrieb des BOB CAMPUS generierten Überschüsse aus der Vermietung, der Gemeinwohlrendite, finanziert. Das Immobilienmanagement des gesamten BOB CAMPUS, die Raumorganisation und Kooperationen für bürgerschaftliche Aktivitäten übernimmt das Team der gemeinnützigen Projektgesellschaft.

Das Wuppertaler Gebäudemanagement mietet für die Nutzung der Bibliothek 174 m² exklusive Fläche und beteiligt sich an den Betriebskosten für die Mitnutzung der übrigen Halle. So steht der Bibliothek während ihrer Öffnungszeiten mehr Raum zur Verfügung und es ergeben sich neue Kooperationsmöglichkeiten mit Kita, Schule, offenem Ganztag und vielen engagierten Nachbar*innen unter demselben Dach. Durch die Vermietung des Teilbereichs an die Bibliothek und deren Beteiligung an den Betriebskosten verbessert sich auch die Perspektive auf den wirtschaftlichen Betrieb der Etage, ebenso wie durch die potenzielle Vermietung eines Teilbereichs an eine Gastronomie.

Perspektivisch könnte den Betrieb der Nachbarschaftsetage ein gemeinnütziger und nachbarschaftlich organisierter Verein übernehmen. Die Projektgesellschaft würde diesem Verein dann die Halle zur Nutzung über lassen und einen Teil der Gemeinwohlrendite für Projekte zur Verfügung stellen. Im Sinne der Chancengerechtigkeit ist es uns wichtig, dass die vielfältige Stadtteilgesellschaft in einer solchen Trägerschaft repräsentiert ist. Ihre Entwicklung braucht erfahrungsgemäß Zeit und Raum zum Ausprobieren, zum Kennenlernen und um einander zu vertrauen. Über die Projektgesellschaft ist eine solche Phase der Entwicklung organisierbar. Darüber profiliert sich eine neue Art des gemeinwohlorientierten Immobilienmanagements, das immer darauf ausgerichtet ist, Raum für Angebote zur Verfügung zu stellen und da, wo es sinnvoll ist, die Verantwortung für den Betrieb und die Organisation der Gemeinwohlflächen mit engagierten Menschen aus dem Stadtteil zu teilen.

Sozial und unternehmerisch handeln

Über die außen liegende Treppe oder den Aufzug im gelben Turm gelangen wir in die darüberliegende Etage, die Ebene 4. Einen weiteren Zugang bietet das sich an der Südostecke befindende Bestandstreppenhaus.

Das Thema Belichtung war für diese mittlere Etage der *Fabrik* besonders relevant. Die Gebäudehülle aus transparenten Doppelstegplatten lässt das Tageslicht über die komplette Höhe und Breite der Räume einfallen und in den dunklen Tagesstunden ein lebendiges Signal nach außen senden. Die eingesetzten Holzfenster öffnen sich nach außen, geben damit eine sichtbare Offenheit in die Nachbarschaft, Ausblicke in den *Nachbarschaftspark* und auf die Nordbahntrasse frei und ermöglichen die manuelle Lüftung. Holz-Glas-Elemente unterteilen die Halle in Büroräume zwischen 70 und 280 m², lassen durch ihre Transparenz Blickbeziehungen zu und machen die Weitläufigkeit der Halle spürbar. In der Mitte der Halle befindet sich ein großer Konferenzraum mit Wänden aus Industrieglas, die zusätzlich einen atmosphärischen Lichtraum schaffen.

Gemäß Nutzungskonzept soll diese Etage einen neuen Ort der Arbeit schaffen und war ursprünglich als Co-Working-Space geplant. Über mehrere Monate arbeiteten wir in kreativen Workshops und Coaching-Formaten zusammen mit interessierten Menschen an möglichen Betreiberkonzepten. Doch für die 1.200 m² große Gesamtfläche fanden wir weder eine*n Betreiber*in für den Co-Working-Betrieb noch ein anderes Unternehmen als Ankermieter. Der Betrieb eines Co-Working-Spaces durch die Projektgesellschaft selbst kam nicht in Betracht. Zu groß wären etwaige Risiken, denn ein solcher Geschäftsbetrieb könnte im Falle einer negativen Bilanz den gesamten gemeinwohlorientierten Immobilienbetrieb gefährden.

Also mussten wir mit Architekt*innen und Fachingenieur*innen zu einem ungünstigen Zeitpunkt, wenn-

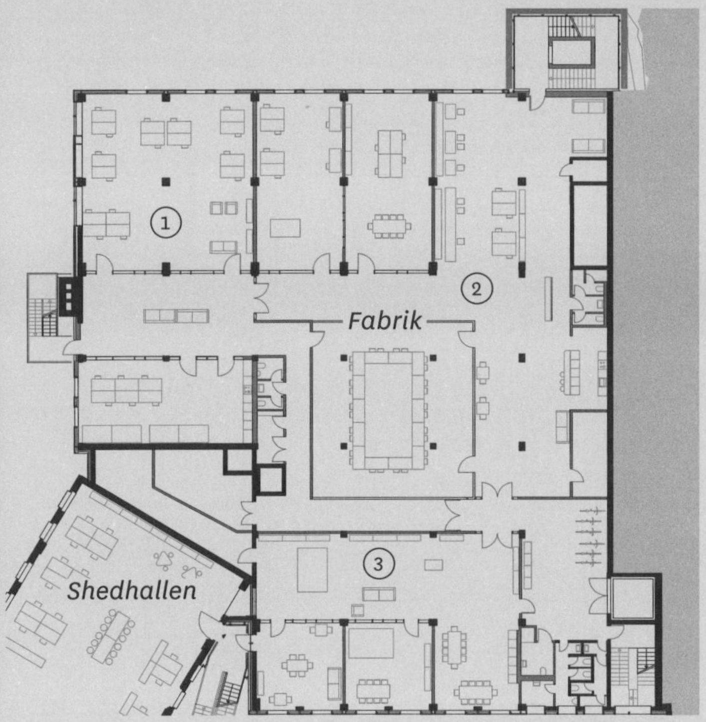

Ebene 4:
Büroetage (1) und (2)
offene Ganztagsschule (3)

gleich noch vor Umbautätigkeit, die Planung modifizieren und die Fläche in kleinere Mieteinheiten aufteilen. Das war ein für alle Beteiligten schmerzhafter Prozess, bei dem auch gestritten wurde. Die Umplanung hatte eindeutige Auswirkungen auf das architektonische Konzept in Bezug auf Lichtführung und Blickbeziehungen innerhalb der Halle. Doch die immobilienwirtschaftliche Perspektive gilt es auch und gerade mit Gemeinwohlorientierung zu beachten. Denn ohne Vermietung aller dafür vorgesehenen Flächen ist die Projektgesellschaft nicht tragfähig und kann keine Gemeinwohlrendite erwirtschaften. Schließlich fanden die Planer*innen jedoch eine Lösung, die größere und kleinere Raumaufteilungen möglich macht, alle brandschutztechnischen Anforderungen erfüllt und den alten Hallencharakter erhält.

Heute nutzt eine junge Digitalagentur mit mehr als 30 Mitarbeitenden einen großen Teil der Büroflächen. Das Unternehmen engagiert sich darüber hinaus für die Entwicklung eines Bildungsbausteins auf dem BOB CAMPUS, der unter anderem Anschlussmöglichkeiten nach dem Schulabschluss schaffen soll.

Ebene 5:
Kita (1)
Schule (2)
Lichthof (3)

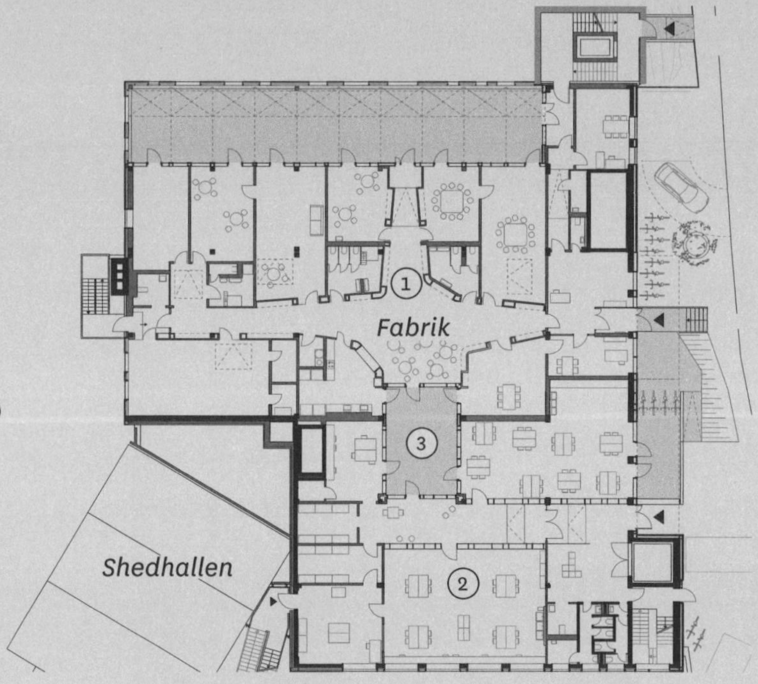

Herausfinden, was wirklich gebraucht wird

Für den hohen Anteil an Kindern in Wuppertal-Oberbarmen stehen in den Schulen im Stadtteil nicht genug Lehrer*innen zur Verfügung und es fehlen Unterrichtsräume. Auch Kitaplätze und geeignete Flächen für den offenen Ganztag reichen bei Weitem nicht aus. Wir haben daher frühzeitig zusammen mit den zuständigen Dezernaten in der Stadtverwaltung und örtlichen Träger*innen darüber beraten, wie mit der Umwandlung der Fabrik in einen Gemeinwohlort auch ein Beitrag für zusätzliche Bildungsangebote und -räume geleistet werden kann.

50 Kinder der Grundschule Wichlinghauser Straße nutzen seit der Baufertigstellung eine circa 280 m² große Bürofläche auf derselben Etage im Rahmen des offenen Ganztags. Auch diese Nutzung wurde aufgrund der Dringlichkeit, weitere Plätze für den offenen Ganztag im Stadtteil zu schaffen, noch während des Umbauprozesses in das Raumkonzept integriert. Das machte einen Nachtrag zum Bauantrag und ergänzende Einbauten im südlich gelegenen Bestandstreppenhaus notwendig. Mit dem Einzug der Grundschulkinder ist jede Altersgruppe auf dem BOB CAMPUS vertreten; ganz bewusst wird die Büroetage so zu einem natürlichen Begegnungsort. Auf derselben Etage, getrennt durch großflächig verglaste Doppeltüren, sind beide Lebenswelten füreinander sichtbar – und bei geöffneten Türen auch hörbar: die der Mitarbeiter*innen der Onlineagentur mit New-Work-Ausstattungskonzept und die der im Quartier lebenden, lebhaften Viertklässler*innen und ihrer Betreuer*innen.

In den Etagen darüber, auf den Ebenen 5 und 6 der *Fabrik*, befinden sich weitere Bildungsräume für die Kinder und Jugendlichen im Stadtteil: Fachräume für textiles Gestalten, Technik und Kunst der benachbarten Max-Planck-Realschule und eine dreigruppige Kita des CVJM Oberbarmen mit Sprachförderung.

Die Haupteingänge für Kita und Schule befinden sich, wie der Haupteingang zum gelben Erschließungsturm, barrierefrei zugänglich auf Ebene 5 an der Max-Planck-Straße. Über das Bestandstreppenhaus und barrierefrei über den gelben Treppenturm mit Aufzug gelangen wir in die Kunsträume der Schule auf Ebene 6.

Die neue Gebäudehülle aus transparenten Doppelstegplatten, die nach außen zu öffnenden Fenster der Fachräume für Kunst, großzügig verglaste Fassadenanteile, eine beschreibbare Tafelwand im Außenraum, Fahrradabstellplätze und eine neu gepflanzte Felsenbirne verleihen der *Fabrik* ein neues, freundliches Gesicht zum Straßenraum und zum Schulzentrum Ost mit Carl-Duisberg-Gymnasium und Max-Planck-Realschule.

Räumliche Lösungen für innovative Bildungskonzepte finden

Jeweils zwei Fachräume teilen sich einen großen gemeinsamen Lernbereich. Ebene 6 hält großzügige, helle Ateliers für den Kunstunterricht mit weitem Blick über die Stadt bereit, außerdem einen kleinen Aufenthaltsbereich mit Teeküche für die Lehrkräfte. Dort waren früher Büro- und Sanitärräume für die Fabrikarbeiter*innen untergebracht. Die alten Waschbecken konnten wir zum großen Teil erhalten und für die Kunst- und Werkräume wieder nutzbar machen. Wo immer es möglich war, haben wir Spuren der ehemaligen Nutzung sichtbar gelassen. Die Decken und Wände wurden innen lediglich gespachtelt, Leitungsführungen auf dem Putz geführt. Im Eingangsfoyer der Schulräume auf Ebene 5 residiert eine raumhohe ehemalige Elektrosicherungsschalttafel, die früher die Versorgung der Maschinen mit Starkstrom organisierte. So bleibt die Historie des Gebäudes erlebbar und erzählt die Geschichte des Ortes als lebendiger Geschichtsunterricht.

Schulräume und Kita sind auf Ebene 5 durch einen gemeinsamen Lichthof verbunden. Dieser bringt Licht auch in die Mitte der Etage und schafft Sichtbeziehungen zwischen Kitakindern und Realschüler*innen: für die einen ein Blick in die Vergangenheit, für die anderen ein Blick in die Zukunft.

Raumhohe verglaste Stahlwände mit Regalbrettern dienen auf Ebene 5 gleichzeitig als Raumteiler und Ausstellungsregal für die Werkstücke der Schüler*innen. Diese eigens von raumwerk.architekten entworfenen Raumteiler werden im Eingangbereich in den Straßenraum fortgesetzt und ermöglichen die Präsentation auch im öffentlichen Bereich. Die Regale sind auf Wunsch der am Planungsprozess beteiligten Lehrer*innen und Schüler*innen entstanden. Für die fokussierte Einzelprojektarbeit steht ein kleiner Atelierraum zur Verfügung.

Alle neu geschaffenen Kunst- und Werkräume dürfen nach Schulschluss oder in den Ferien von anderen Gruppen aus dem Stadtteil genutzt werden. Die Organisation dieser innovativen, ressourcenschonenden Mehrfachnutzung wird im Betrieb gemeinsam mit der Projektgesellschaft als Vermieterin, der Schulleitung, den Lehrkräften und dem Wuppertaler Gebäudemanagement als Mieter sowie den externen Gruppen und ehrenamtlichen Akteur*innen aus dem Stadtteil erprobt und von allen Beteiligten als gemeinsamer Lern- und Erfahrungsraum begriffen. Hier kommt es in Zukunft darauf an, Hemmnisse zu erkennen und zu benennen, kreative Lösungen zu finden und das Konzept des Teilens flexibel weiterzuentwickeln.

Mit der Erweiterung der Realschule auf den BOB CAMPUS mit seinen vielen unterschiedlichen Nutzungen unter einem Dach erproben wir gemeinsam mit der Schule eine innovative Lösung für Raummangel von Bildungseinrichtungen und geben einen Impuls zur Innovation in die Schullandschaft. Für die jungen Menschen im Stadtteil und die Lehrer*innen hat das viele Vorteile: Die Schule kann bei Bedarf die Nachbarschaftsetage nutzen, zum Beispiel für Abschlussfeiern oder pädagogische Tage des Kollegiums. Die Schüler*innen lernen in ihrem Alltag oder an Berufsorientierungstagen die Unternehmen auf dem BOB CAMPUS kennen, können sich bei ihnen für ein Praktikum oder eine Ausbildung nach dem Schulabschluss bewerben.

Den Kleinsten die besten Räume geben

Die Kita, wie der offene Ganztag vom örtlichen CVJM Oberbarmen betrieben, hat einen Schwerpunkt auf Sprachförderung und arbeitet nach einem offenen Konzept, in dem die Kinder altersgemischt und nach Interesse ihren Tag verbringen können. Die Gruppenräume sind sternförmig angeordnet und haben verschiedene Themen wie Theater, Toben und Bauen. Im Zentrum liegen offen der Speiseraum und die Küche mit Blick auf den mit der Schule gemeinsam genutzten Lichthof. Helles Linoleum, mit Holz furnierte Türen und

Holzregale erzeugen eine warme, freundliche Atmosphäre. Die innen liegende Holz-Glas-Fassade bringt Licht und Wärme in die Räume.

Die Ausrichtung der Hauptfassade nach Norden hatte trotz der neu eingebauten Lichtkuppeln in den Abstimmungen mit dem Landesjugendamt für Diskussionen gesorgt. Die ausreichende Belichtung musste vorab durch Lichtsimulationen nachgewiesen werden. Auch die Anordnung der Freifläche für die Kleinen bedurfte einiger Überzeugungskraft für die Betriebsgenehmigung: eine große, nach oben offene Dachterrasse, die durch den Versatz der Fassade um ein Stützenraster geschaffen wurde. Von hier aus hat man einen weiten Blick auf die Nordbahntrasse und den *Nachbarschaftspark*, der von den Erzieher*innen und Kindern direkt über den gelben Turm barrierefrei erreicht werden kann. Der farbenfrohe Sportboden aus dicken Gummiplatten schützt vor Verletzungen und fungiert zugleich als Schallschutz. Die transparenten Fassadenelemente aus Doppelstegplatten, die den darunter gelegenen Ebenen als Hülle dienen, sind bis auf Dachträgerhöhe hochgezogen, geben Geborgenheit und bieten Schutz vor Wind.

Der Bewegungsraum der Kita ist so angeordnet, dass er auch über eine Außentreppe separat erschlossen werden kann. Die Anordnung einer Besuchertoilette und einer mit Schließwächter versehenen Zwischentür ermöglicht, dass er in den Abendstunden oder am Wochenende auch von anderen Gruppen genutzt werden kann.

Gemeinsam Lernlandschaften gestalten und mit anderen teilen

Der Planungsprozess für die Bildungsräume fand von Anfang an zusammen mit den zukünftigen Nutzer*innen, also dem Kollegium der Max-Planck-Realschule, den Erzieher*innen der Kita, dem Wuppertaler Gebäudemanagement sowie engagierten Initiativen aus der Nachbarschaft statt. Regelmäßige Workshops und Reflexionsschleifen zur Grundrissgestaltung, Raumgestaltung und Möblierung sicherten zum einen die bedarfsgerechte Planung, inspirierten aber auch Kollegium und Schulleitung, für ihre zukünftige Schulentwicklungsstrategie neue Lernkonzepte zu erproben. Diesen Prozess beschreiben wir im zweiten Band der Reihe *Gemeinwohl bauen* genauer.

Von Anfang an einigten sich alle Beteiligten darauf, dass auch andere Gruppen die Räume der Schule und Teilbereiche der Kita während der Nachmittags- und Abendstunden nutzen können. So hat sich für die gesamte *Fabrik* ein Konzept des Teilens entwickelt:

Jede Nutzungseinheit, egal ob Schule, Kita oder Büroetage, stellt einen oder mehrere Räume dem Stadtteil beziehungsweise anderen Nutzer*innen temporär zur Verfügung. Das Teilen der Räume ermöglicht es, das Gebäude in seinem Potenzial nachhaltiger und effizienter auszunutzen. Zudem bringt es die Menschen zusammen, motiviert zum Austausch und zum Miteinanderlernen.

Alle unter einem Dach

Direkt neben dem Eingang zur Kita befindet sich auch der Haupteingang zur *Fabrik* über den gelben Turm aus Streckmetall, über dessen Treppe und barrierefreien Aufzug alle Ebenen der *Fabrik* zu erreichen sind. Treppe und Aufzug führen zudem zur obersten Etage der *Fabrik*, auf die Ebene 7. Wo sich früher, eingepackt in Wellblech, die Haustechnik der Textilfabrik befand, findet sich heute die überdachte Stadtteilterrasse. Umhüllt vom gleichen Streckmetall wie der neue Treppenhausturm, ausgestattet mit einer Toilette und Anschlüssen für die mobile Viertelsküche, kann sie vielfältig genutzt werden und bietet zudem einen grandiosen Blick auf die Nordbahntrasse, über den Stadtteil und weit in das Tal der Wupper. Zwei große Stahltore lassen sich öffnen und den überdachten Bereich um eine offene Terrasse vergrößern. Hier oben zeigen sich weitere Merkmale des nachhaltigen Gebäudekonzepts: Ein begrüntes Flachdach mit den Lichtkuppeln für Kita und Schule, eine Fotovoltaikanlage und die Luftkanäle für die Lowtech-Fassade verbinden sich zur Dachlandschaft mit den historischen Sheddächern und den erhaltenen Schornsteinen der *Fabrik* sowie der Remise im *Krühbusch-Hof*.

Die Nutzungsvielfalt birgt bauliche Herausforderungen

Die Architekt*innen, Fachingenieur*innen und die Projektgesellschaft als Bauherrin stellte das gesamte Nutzungskonzept der Vielfalt vor hohe planerische und bauliche Herausforderungen in Bezug auf Funktionalität der Räume, Brandschutz und Haustechnik. Das gesamte Gebäude erhielt eine Brandmeldeanlage, einen umlaufenden Blitzschutz und neue Brandwände als Abgrenzung zu den physisch verbundenen *Shedhallen*. Für die Erschließung und notwendige Rettungswege bauten wir zwei neue Treppenhäuser gemäß den Schulbaurichtlinien, mit ausreichender Breite und zwei Handläufen; die Treppenläufe des Bestandstreppenhauses bauten wir mit möglichst kleinen Maßnahmen so um, dass sie für die Kinder die nötige Sicherheit bieten. Die Fußböden erhielten wegen des erforderlichen Schallschutzes in allen Kita- und Schulräumen einen neuen Estrich mit Fußbodenheizung. Die neu eingebaute Elektro- und Medienausstattung entspricht dem neuesten Standard. Für die Fassade wurde eine Lowtech-Lösung entwickelt – mit dem Ziel, die Energiekosten trotz der großzügigen Hallenstruktur zu senken.

Für uns als Investorin und Projektentwicklerin bedeutete dies auch eine weit höhere Investition, als es bei einer rein gewerblich genutzten Immobilie der Fall gewesen wäre. Um das damit verbundene Risiko zu senken, sicherte die Kommune eine Mietgarantie über 20 Jahre für Kita und Schulräume in der Kooperationsvereinbarung zu. Die Mietverträge schlossen wir mit dem Kitabetreiber CVJM Oberbarmen und dem Gebäudemanagement Wuppertal.

Eine Fabrik der Zukunft

Die unterschiedlich genutzten Flächen des großen Fabrikgebäudes aus den 1970er Jahren waren baulich und finanziell die größte Herausforderung des Gesamtvorhabens und boten gleichzeitig das meiste Potenzial für die Um- und Neunutzung. Die Entscheidung, das ehemalige Fabrikgebäude trotz seiner strukturellen und baulichen Mängel zu erhalten und umzunutzen, ist ebenso zukunftsweisend wie das Nutzungskonzept und sein Entstehungsprozess. Die im Bestand gespeicherte graue Energie und das Konzept des Teilens schonen Ressourcen. Die baulichen Lösungen, die für Belichtung und Haustechnik sowie für Schall- und Brandschutz gefunden wurden, können Vorbildfunktion für ähnliche Bauaufgaben haben. Diese gewinnen in Zukunft an Bedeutung, beispielsweise bei der Umnutzung großer Büro- und Kaufhäuser, aber auch für Schulerweiterungen in Bestandsgebäuden zusammen mit anderen Nutzungen.

Das Grundgerüst des ehemaligen Fabrikgebäudes blieb erhalten, doch mit der architektonischen Gestaltung – der lichtdurchlässigen Fassade und dem gelben Erschließungsbügel – konnte eine neue positive Identifikation und buchstäbliche Strahlkraft für die Menschen in Oberbarmen und darüber hinaus geschaffen werden. Die neue Nutzung gibt der ungeplanten Begegnung und ihrem Potenzial Raum und inspiriert zu gemeinschaftlichem Lernen und Arbeiten. Das macht aus der *Fabrik*, zusammen mit allen anderen Nutzungen auf dem BOB CAMPUS, den umliegenden Bildungseinrichtungen und zivilgesellschaftlichen Initiativen, eine moderne und inklusive Bildungslandschaft mitten im Stadtteil.

Die *Fabrik*, insbesondere die Nachbarschaftsetage mit ihrem flexibel nutzbaren Raumangebot, ist ein lebendiger Erlebnisraum. Hier können alle Menschen ungezwungen und auch ohne konkrete Absicht zusammenkommen – eine Art öffentliches Zuhause. Derartige Begegnungen können der Beginn neuer Ideen und Chancen sein, die sich aus der Mitte der Gemeinschaft entwickeln. Umgeben zu sein von Menschen in unterschiedlichen Abschnitten ihres Entwicklungs- und Bildungswegs sowie die offene Atmosphäre fördern den Austausch und die Auseinandersetzung mit unterschiedlichen Aktivitäten, Interessen, Lebenswegen und Lebensmodellen. In diesem nahezu unbewusst wahrgenommenen Angebot liegt eine große Chance für die Bildung einer diversen Gemeinschaft, die ganz selbstverständlich unterschiedliche Lebenskonzepte und Herkünfte der Menschen aus dem Stadtteil repräsentiert und sich dauerhaft für den sozialen Zusammenhalt engagiert.

WC
Prinzipien
PLENUM

OPEN SPACE
Prinzipien

2018
HYPER
HYPER
Miteinander

KRAUSE

Flucht- und Rettungsplan

B13
B10

Grotejohann & Co. K.G.
5601 Gruiten Rhld.

BOB CAMPUS

Bestand als Ressource

Gastbeitrag von Prof. Ragnhild Klußmann, raumwerk.architekten

Die vielschichtige und drängende Aufgabe der Architektur, so ressourcenschonend und minimalistisch mit dem Bestand umzugehen wie möglich, aber dennoch eine robuste und nachhaltige Zukunft für ein Gebäude zu entwerfen, zeigt sich an der Transformation des BOB CAMPUS ganz besonders. Eine Vielzahl von Nutzungsmöglichkeiten, deren Bedarf die Montag Stiftung Urbane Räume zuvor im Quartier ermittelt hatte, sollten die ehemalige Fabrik mit dem Quartier verknüpfen. Das Gebäudeensemble aus verschiedenen Zeiten, Materialien und Gebäudetypologien warf ganz unterschiedliche konstruktive, energetische und typologische Fragen auf. Wie aber sieht eine kostengünstige Architektur aus, die mit wenig auskommt, aber doch mit Freude in eine ganz andere und vor allem so vielfältige Zukunft blickt?

Schon in der Machbarkeitsstudie galt einer der wesentlichen Entwurfsansätze der Verbindung des künftigen BOB CAMPUS mit dem Stadtraum: Die Ebene 3 – im Bauprozess auch Plateauebene genannt – hatte das Potenzial, die Topografie zu überwinden, Barrierefreiheit zu ermöglichen sowie das Wohnquartier mit dem *Nachbarschaftspark* und das benachbarte Schulzentrum stärker mit dem Stadtteil zu verknüpfen. Eine große Freitreppe vom Krühbusch einerseits, zwei Aufzüge von Hof und Max-Planck-Straße andererseits, machen möglich, dass sie heute als Nachbarschaftsetage nicht nur inhaltlich, sondern auch räumlich zum Zentrum des BOB CAMPUS geworden ist. Hier verweben sich Gebäude und Park, hier gewährt das Gebäude mit einer durchgehenden Glasfassade und großen Toren viel Ein- und Durchblick. Die Menschen können sich hier von allen Seiten eingeladen fühlen, neugierig werden und damit am vielfältigen Leben auf dem BOB CAMPUS teilhaben.

Als Architekt*innen ist für uns das Bestehende nicht nur Kontext, sondern Inspiration für eine Architektursprache, die einen kreativen Dialog mit dem Alten führt. Das betrifft nicht nur den Ort, die Materialität oder die Raumtypologie, sondern auch die Nutzungen und den Alltag der Menschen, die früher hier gearbeitet und gelebt haben. All diese Themen wurden sichtbar gemacht und doch eine ganz eigene architektonische Schicht hinzugefügt. Das Potenzial der gestapelten Fabriketagen, die auf einer riesigen Fläche mit geradezu archetypischer Stahlbetonkonstruktion auf die ehemalige Fabriknutzung mit großen Maschinen verweist, lag für uns in der puren Dimension von 1.200 m² Fläche je Etage und der großen Raumtiefen. Was für jede neue und kleinteiligere Nutzung vielfältige planerische Herausforderungen bedeutete, sollte gleichzeitig als besondere Raumqualität erlebbar bleiben. So zeigen alle Grundrisse immer noch die Ausmaße der ursprünglichen Halle als ganz besondere Blickachsen: In der Kita ist es der ungewöhnliche Spielflur und in der Büroetage ist es der freie Blick über die anderen Nutzungseinheiten hinweg. Die Nachbarschaftsetage sollte ebenfalls die gesamte Gebäudelänge durchmessen und sogar einen Durchgang vom Park zum Krühbusch ermöglichen. Nur mit Vorhängen werden temporär kleinere Bereiche abgetrennt. Durch das sehr sorgfältige Lesen des gesamten Fabrikareals konnten wir viele weitere Anknüpfungspunkte für unseren Entwurf ausmachen: der *Krühbusch-Hof* als Nukleus der Textilfabrik, in dem Wohnen und Arbeiten auf engstem Raum die Menschen zusammengeführt hat und den auch heute eine bunte Gemeinschaft von Bewohner*innen ausmacht, die großen Ebenen der Fabrikhalle aus den 1970er Jahren, die optimiert gestapelt wurden und in denen sich heute die verschiedensten Nutzungen zusammenfinden. Wichtige Inspiration war aber auch die starke Topografie, die das Gelände früher zusätzlich zu allen Mauern vom Quartier abgeschottet hat und heute besonders viele Stadträume verbinden kann.

In der Schlichtheit der Fabriketagen erzählt vor allem der Bodenbelag die lange Fabrikgeschichte: Ein Estrich voller Patina und warmer Farbigkeit, den wir unbedingt erhalten wollten. Ergänzend führten wir mit dem Furnierschichtholz ein neues Material ein, welches einerseits Wärme in die Räume bringt und andererseits dem rohen und industriellen Charakter des Gebäudes entspricht. Es wurden – wo immer es möglich war – Objekte gesichert und weiterverwendet, die auf die ehemalige Nutzung hinweisen oder einfach ein Wandgraffiti belassen, damit auch die Zwischennutzungen als Zeitschicht des Ortes erlebbar bleiben. Es sind diese vielen ablesbaren Geschichten, die den BOB CAMPUS ausmachen. Hier gibt es immer etwas Neues im Alten (und hoffentlich im Neuen) zu entdecken. Der kooperative Planungsprozess führte den Dialog auf breiter Ebene fort. Welche Geschichten möchten die zukünftigen Nutzer*innen auf dem BOB CAMPUS erleben? Hierfür wurde gemeinsam nicht nur an Raumprogrammen, sondern vor allem an notwendigen Raumqualitäten gearbeitet. Für welche Nutzung braucht es welche Größe, welche Wärme, welches Licht und welche Ausstattung? Benötigen die Nutzer*innen diesen Raum täglich, lässt er sich teilen oder auch von mehreren gleichzeitig bespielen? Auch die neuen Räume erzählen nun schon erste Geschichten des gemeinsamen Wünschens und Organisierens, um sparsam mit der Ressource Raum umzugehen. Das Ziel, die Architektur für weitere Geschichten offen zu halten, nicht ganz zu Ende zu denken, um Aneignungen und Überformungen durch die Nutzer*innen nicht nur zuzulassen, sondern geradezu herauszufordern, prägt die gewollten ästhetischen Brüche zwischen Alt und Neu, zwischen Erinnerung und neuer Gestaltung.

In einem individuellen Spannungsfeld aus Bedarfen, Wünschen, Grenzen und Regeln entwickelten wir eine ganz eigene Architektursprache für den BOB CAMPUS: Viel Licht lässt endlich auch den Außenraum in die Gebäude und das Gebäude in die Stadt hineinleuchten, das Holz bildet durchgängig neue Details, Konstruktionen und Möblierungen für Schule und Kita sowie für Büros und Bibliothek aus. Eine schwere Stahlkonstruktion wird zu einer leichten Terrassenüberdachung für die Kita, an der beliebig viele Schaukeln hängen können. Und aus einer Technikzentrale auf dem Dach wird ein gelb leuchtendes Zeichen und ein Fenster in die Stadt, hinter dem in Zukunft gefeiert werden darf.

Eine neue Hülle als Innovation für die Nachhaltigkeit

Gastbeitrag von Marc Hübert, raumwerk.architekten

Das ehemalige Fabrikgebäude aus den 1970er Jahren führte schon in der Machbarkeitsstudie zu der großen Frage, wie die mehrgeschossigen Hallen mit jeweils circa 1.200 m² Fläche belichtet werden können – für ganz verschiedene, auch kleinteilige Nutzungen. Die denkbar einfache Lösung – so viel Licht wie möglich – musste hohe energetische Anforderungen erfüllen und sehr kostengünstig sein. Da es in weiten Teilen keine wirkliche Fassade (Dachpappe auf Holzkonstruktion) und auch keine einheitliche Konstruktion (Beton, Mauerwerk, Metallleichtbau) gab, schlugen wir eine neue, transluzente, also lichtdurchlässige, Gebäudehülle aus Kunststoffstegplatten vor, die bei unterschiedlichen energetischen und konstruktiven Lösungen doch eine durchgängige, leichte und einheitliche Ansicht für den großformatigen Baukörper erzielen konnte und die vielfältigen Nutzungen auch ins Quartier sichtbar machen würde.

Das Material war uns schon aus anderen Projekten auch in der Verwendung für hinterlüftete Fassaden vertraut. Doch im Fabrikgebäude entstanden verschiedene Fassadenarten mit unterschiedlichen energetischen Aufgaben. Dort, wo es vorher praktisch keine Fassade gegeben hatte, wurden die Kunststoffstegplatten aus Polycarbonat als komplette, lichtdurchlässige und dämmende Fassade mit eingebauten Fenstern als Öffnungsflügel eingesetzt. Vor geschlossenen Bauteilen bilden sie ein Vorhangpaneel, das die Unterkonstruktion und den Bestand erahnen lässt. In Zusammenarbeit mit der Projektgesellschaft als Bauherrin und einem mit dem Fassadenmaterial vertrauten Kybernetiker wurde hier eine Energiefassade entwickelt, die mit einer Lowtech-Konstruktion die Energie aus der Fassade nutzt und dorthin führt, wo sie gerade gebraucht wird.

Hinter der neuen Fassadenhaut entsteht vor den geschlossenen Wandabschnitten eine 20 cm dicke Luftschicht, die von der Sonneneinstrahlung erwärmt wird. Eine zusätzliche Dämmung gibt es nicht. Die vorgewärmte Luft wirkt als „intelligente Wärmedämmung“ und bringt die solaren Gewinne je nach Bedarf über die Betonaußenwand in die Innenräume.

Die Kollektorfassade besteht aus einem ununterbrochenen Luftvolumen, welches mit mechanischer Unterstützung einer kleinen Lüftungsanlage horizontal um das Gebäude bewegt wird: Morgens wird die durch die aufgehende Sonne erwärmte Luft von der Ostseite auf die kälteren Fassadenseiten geführt und wärmt dort die Außenwände vor. Wenn an warmen Tagen auf der Südseite eher gekühlt werden soll, kann die solar erwärmte Luft in die kühlere untere Ebene 3 geführt werden, um dort die Raumluft vorzuwärmen. Lediglich an sehr warmen Tagen wird die Kollektorluft aus dem Fassadenzwischenraum herausgezogen und durch Umgebungsluft ersetzt.

Das Schaubild zeigt gestrichelt die Lüftungsbewegung des Fassadenkollektors. Die erwärmte Luft im Fassadenzwischenraum sammelt sich durch thermischen Auftrieb in der oberen Zone und wird von dort aus horizontal um die Fassade geführt. Die Lüftungsbrücke verbindet die zwei Seiten einer Brandwand, auf der keine Kollektornutzung zulässig ist. Im Bereich der überdachten Stadtteilterrasse befindet sich die Lüftungstechnik, die über Sensoren gesteuert die Luftmassen reguliert. So zirkuliert die Luft entweder im Kreis, kann zur Vorwärmung in die untere Gebäudeebene geführt werden oder wird an sehr warmen Tagen nach außen abgegeben.

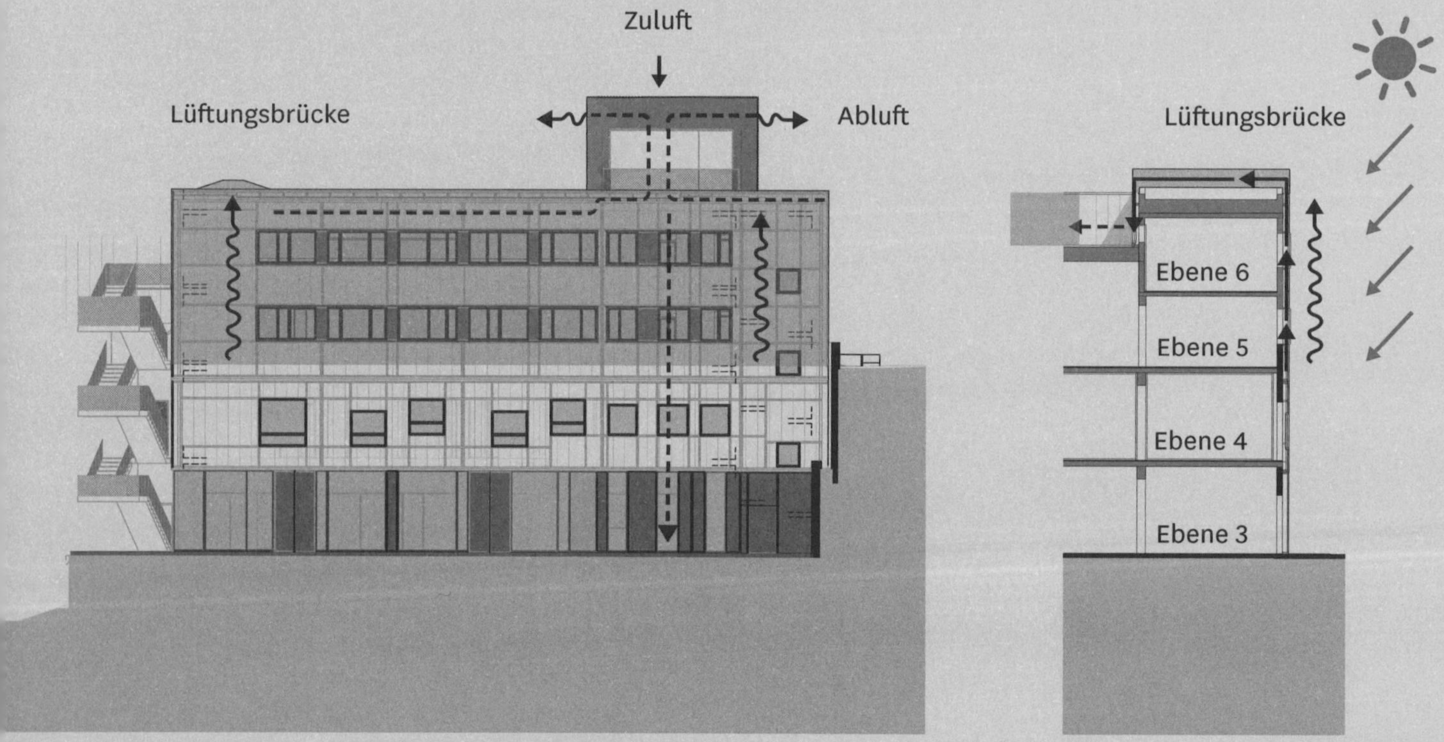

VELFAC

FOREVER POSITIV
MOTIVIERT
BE WILD

BEYER - MIETSERVICE
kostenlose Miethotline
0800 092 99 70
Vermietung europaweit
www.beyer-mietservice.de
Arbeitsbühnen
Baumaschinen
Teleskoplader

Rundgang: *Shedhallen*

Altes bewahren und neue Wege gehen

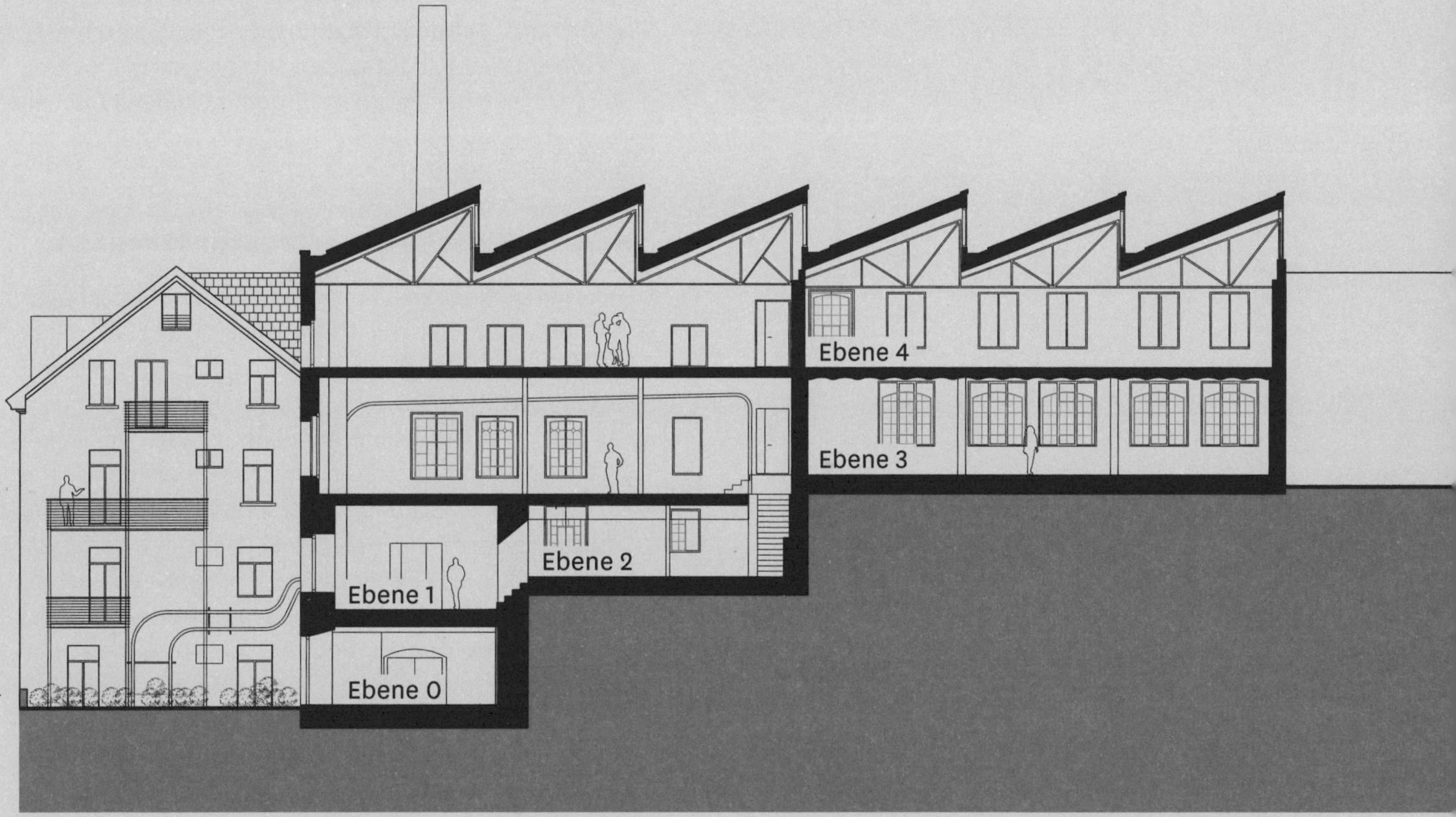

Im gelben Turm gelangen wir von der Stadtteilterrasse auf Ebene 7 über die Außentreppe – oder barrierefrei mit dem Aufzug – wieder auf die Ebene 3 der Nachbarschaftsetage. Vielleicht werfen wir dabei aus dem Treppenturm durch die gelben Metallbänder einen Blick in den großen *Nachbarschaftspark* mit den BOB-Terrassen, neuen Wegeverbindungen und dem Zugang zur Nordbahntrasse. Vor dem Umbau war dies die potenzielle Erweiterungsfläche für die Fabrik. Den *Nachbarschaftspark* werden wir am Ende des Rundgangs besuchen und ausführlich betrachten.

Zwischenräume gestalten

Zunächst widmen wir uns dem historischen Wohn- und Fabrikationshof der früheren Textilfabrik mit den alten *Shedhallen* und den beiden gründerzeitlichen Wohnhäusern. Dafür durchqueren wir die Nachbarschaftsetage von Nord nach Süd, entlang der Glastrennwand zur Stadtteilbibliothek. Auch nach Süden ist die Etage mit einer Glasfassade versehen und gibt den Blick frei auf einen kleinen geschützten Garten mit altem Baumbestand, der von Besucher*innen der Bibliothek zum Lesen und von anliegenden Nachbar*innen gern als Rückzugsort genutzt wird. Hier haben wir, solange der *Nachbarschaftspark* noch nicht fertig war, mehrmals mit den Landschaftsarchitekt*innen von atelier le balto und Nachbar*innen gemeinschaftlich gegärtnert. Seitdem trägt dieser kleine versteckte Garten an der Schnittstelle zwischen dem jüngeren Hallenkörper der *Fabrik* und dem gründerzeitlichen Wohn- und Fabrikationshof am Krühbusch den Namen Verborgener Garten.

Haustechnische Infrastruktur erneuern

Linksseitig steigt eine Felswand über zwei Geschosse steil bis auf Höhe der Max-Planck-Straße auf. Über große Flächen wurde die Fabrikanlage in und auf Felsen gebaut. So idyllisch es aussieht, im Bauprozess hat dies zu erheblichem Aufwand geführt, vor allem in Hinblick auf die neu zu errichtende haustechnische Infrastruktur einschließlich Grundleitungen. Von der Stadtteilterrasse auf der *Fabrik* bis zum *Krühbusch-Hof* liegen sieben Geschosse beziehungsweise Ebenen. Nicht nur die Menschen, auch alle Abwasser- und Regenwasserleitungen müssen diesen Höhenunterschied bewältigen. Damit die Leitungen unterhalb der neuen Freitreppe bis zu den vorhandenen Kanalanschlüssen in der Straße Krühbusch verlegt werden konnten, mussten die Handwerker*innen vorher unter schweren Bedingungen über mehrere Wochen den felsigen Untergrund bearbeiten.

Genau an der Schnittstelle zwischen *Fabrik* und *Shedhallen* bildet eine neue außen liegende Stahltreppe den zweiten Fluchtweg für die Schulräume auf den Ebenen 5 und 6 sowie die vom offenen Ganztag genutzten Räume und eine der *Shedhallen* auf Ebene 4. Sie wirkt räumlich wie ein Scharnier zwischen Alt und Neu.

Von hier aus folgen wir entlang der alten Backsteinfassaden der *Shedhallen* der neu angelegten Freitreppe bis hinunter zum südlich angrenzenden Wohnquartier. Die *Shedhallen* wurden einst über mehrere Geschosse in den Felsen gebaut. So liegen die oberen beiden Hallen, mit den namensgebenden Sheddächern, auf einer Ebene mit der Büroetage der *Fabrik*. Die zwei darunterliegenden Hallen mit historischen Stützen und Gewölbedecke sind auf gleicher Ebene mit der Nachbarschaftsetage. Wegen des felsigen Untergrunds werden die Räumlichkeiten auf den folgenden drei darunterliegenden Ebenen immer kleiner. Die unterste Halle ist die kleinste und wird ebenerdig von der Straße Krühbusch erschlossen.

Gebrauchtes Baumaterial wiederverwerten

Die *Shedhallen* sind Teil des ehemaligen Wohn- und Fabrikationshofes am Krühbusch und historischer Standort der stillgelegten Textilfabrik. Hiervon erzählen unter anderem erhalten gebliebene Abschnitte eines alten Förderbands im Innen- und Außenbereich. Einst klapperten hier die Webstühle, wahrscheinlich weit in die Nachbarschaft hörbar. Heute bieten sieben Einheiten mit Größen von 60 bis 200 m² kleineren Unternehmen wie einem Fotostudio, einem Architekturbüro, einer Consulting-Firma, einem Ausbildungsbetrieb für vernetzte Gebäudetechnik und – in der kleinsten Einheit – uns als Projektgesellschaft individuelle Flächen in historischem Ambiente.

Bei der Instandsetzung, Modernisierung und energetischen Ertüchtigung haben wir auf das Freilegen und Wertschätzen von Spuren der Nutzung und der Veränderung Wert gelegt. In einem aufwendigen Verfahren hat eine Spezialfirma die noch erhalten gebliebenen Stahlsprossenfenster von zerbrochenen Glasfeldern und asbesthaltigem Kitt befreit. Die neuen Holzfenster wurden in den vorgefundenen Öffnungen von innen befestigt und bilden mit dem vorhandenen Mauerwerk die Gebäudehülle. Die Anmutung der historischen Shedhallen mit den ursprünglichen Fensterteilungen blieb so trotz energetischer Sanierung erhalten, ebenso wie die filigrane Sheddach-Konstruktion aus schlanken Stahlträgern, die Kappendecken in den unteren Stockwerken und das Sichtmauerwerk der Außenwände. Wo es möglich war, fielen Entscheidungen bewusst zugunsten des Erhalts und des Sichtbarmachens. Die etwas sonderbar anmutenden Fenster der ehemaligen Flechterei, die nur wenige Zentimeter über der Oberkante des Fertigfußbodens liegen, waren vor dem Umbau zugemauert. Als Handwerker*innen diese im Rahmen der Umbaumaßnahmen öffneten und die ungewöhnliche Position auffiel, wurde deutlich, dass der Raum ursprünglich zweigeschossig gewesen und die Zwischendecke im Laufe der Jahrzehnte eingezogen worden war, um Platz zu schaffen.

Die Laibungen der neuen Eingänge haben wir nur dort ausgebessert, wo es unbedingt nötig war. Der sichtbare Übergang im Material wird zur Markierung: Nicht nur *in* diesem Gebäude, sondern auch *an* und *mit* dem Gebäude wurde und wird gearbeitet.

Teile der westseitigen Fassade zum *Krühbusch-Hof* haben wir von Putzresten befreit, um die mehrfarbigen Backsteine wieder zum Vorschein zu bringen. Sie machen sichtbar, dass dieses Gebäude wahrscheinlich schon mit wiederverwerteten Materialien gebaut wurde: Unser heutiges Verständnis des ressourcenschonenden Bauens durch Wiederverwertung ist eine Wiederentdeckung. Alte Gebäude lehren uns altes Wissen.

Umfang der energetischen Sanierung abwägen

Die räumliche Struktur der *Shedhallen* bildet eine sehr gute Basis für die neue Nutzung. Die bisherige Aufteilung konnte erhalten bleiben. Jedoch ließ sich das anfangs gedachte Konzept des Pionierhauses – das in anderen Projekten eine wichtige Rolle spielt, die wir nach dem *Initialkapital-Prinzip* umsetzen – nicht anwenden. Die Idee des Pionierhauses ist, durch einfache Inbetriebnahme der Bestandsgebäude die Investitionskosten so niedrig zu halten, dass eine Vermietung zu sehr günstigen Konditionen möglich ist. Die Miete liegt dort unter dem örtlichen Durchschnitt, die Mieter*innen nehmen dafür einen geringen Standard in Kauf und engagieren sich durch sogenannte Viertelsstunden für das gemeinwohlorientierte Projekt. Die vorgefundene Bausubstanz und fehlende Infrastruktur der *Shedhallen* ließen diese Art der direkten Nutzung jedoch ohne vorhergehende Grundsanierung nicht zu. Eine Erneuerung der Infrastruktur und eine erhebliche energetische Verbesserung waren bauphysikalisch erforderlich. So entschieden wir uns dazu, sie in Bürolofts umzuwandeln, die den modernsten Anforderungen gerecht werden. Sie erhielten einen neuen Estrich mit Fußbodenheizung, neue Holzfenster in den vorgefundenen Öffnungen, eine innen liegende Dämmung und umlaufende Kabelkanäle mit Breitbandversorgung. Die Entscheidung zur Grundsanierung hat sich im Nachhinein in mehrfacher Hinsicht als richtig erwiesen. Zwar liegen die anfänglichen Mieten im oberen Bereich der im Stadtteil zu erzielenden Nettokaltmieten, das Einhalten der Energieeinsparverordnung (EnEV) und die damit verbundenen kalkulierbaren Energiepreise lassen sie nach der Verteuerung der Energiepreise im Jahr der Fertigstellung (2022) im Vergleich zu anderen Objekten allerdings insgesamt gut dastehen. Verbunden ist dies mit dem Angebot, mit der Miete eine inklusive Pauschale für die Betriebskosten zu zahlen – eine Teilinklusivmiete. Das gibt den Unternehmen Sicherheit für die Kalkulation der laufenden Kosten.

Wie alle Mieter*innen auf dem BOB CAMPUS leisten auch die Unternehmen in den *Shedhallen* mit ihrer Miete einen wichtigen Beitrag zum wirtschaftlichen Gesamtkonzept des Projekts, da aus den Überschüssen aller Mieteinnahmen die Gemeinwohlrendite erwirtschaftet wird. Darüber hinaus beteiligen sie sich gemeinsam mit weiteren Mieter*innen und Nutzer*innen ehrenamtlich an der Entwicklung und Durchführung eines Bildungsbausteins für den BOB CAMPUS. Hiermit sollen unter anderem im Rahmen eines Patenschaftsmodells Chancen für Schulabgänger*innen, Jugendliche und junge Erwachsene aus dem Stadtteil auf Ausbildungs- und Praktikumsplätze beziehungsweise die Übernahme in ein Beschäftigungsverhältnis geschaffen werden.

Mit kleinen Interventionen kurze Wege für die Menschen schaffen

Wir befinden uns nun auf dem kleinen, neu geschaffenen Platz am Fuße der neuen Freitreppe. Genau hier befand sich früher eine kleine Lagerhalle aus den 1960er Jahren. Sie war zur Straße Krühbusch verschlossen und mit gelben Fliesen verkleidet. Innendrin hatte ein Schrotthändler sein Lager, das sich zur anderen Seite auch in den *Krühbusch-Hof* ausdehnte.

An diesem Ort, dem südlichsten Teil des BOB CAMPUS, ist durch relativ kleine städtebauliche Eingriffe ein Knotenpunkt der kurzen Wege für das Quartier entstanden. Über die Freitreppe gelangen Mitarbeiter*innen und Kund*innen zu den Bürolofts der *Shedhallen*. Menschen aller Altersgruppen, die im angrenzenden Wohnquartier leben oder über den nahegelegenen Bahnhof Oberbarmen mit Schwebebahn, S-Bahn oder Regionalzug anreisen, gelangen über die Freitreppe zur Stadtteilbibliothek und in die Nachbarschaftsetage sowie über den *Nachbarschaftspark* zur Nordbahntrasse. Die alte Backsteinfassade mit den Stahlsprossen und der Rest eines Förderbands erinnern auch im Außenraum an die frühere Nutzung und an die Industriegeschichte des Stadtteils.

LAUFENDER
BETRIEB
EXPEDITION

Feuerschutztür
Schließbereich freihalten
Nach Betriebsschluß schließen

Während des Ganges
nicht reinigen,
putzen und ausbessern!
ΑΠΑΓΟΡΕΥΕΤΑΙ ΤΟ ΚΑΘΑΡΙΣΜΑ Ή ΤΟ ΔΙΟΡΘΩΜΑ
ΤΩΝ ΜΗΧΑΝΩΝ ΚΑΤΑ ΤΗΝ ΛΕΙΤΟΥΡΓΙΑΝ!
Vietato pulire e riparare
le macchine in marcia!
Es ist verboten,
Sicherheitseinrichtungen zu entfernen
ΑΠΑΓΟΡΕΥΕΤΑΙ ΑΥΣΤΗΡΩΣ Η ΑΦΑΙΡΕΣΙΣ
(ΤΟ ΞΕΜΟΝΤΑΡΙΣΜΑ) ΤΩΝ ΣΥΣΚΕΥΩΝ ΚΑΙ
ΕΞΑΡΤΗΜΜΑΤΩΝ ΑΣΦΑΛΕΙΑΣ!
È vietato togliere i dispositivi
di sicurezza!

Feuerschutztur

DIE

Einfahrt
freilassen!

Parkverbot

Rundgang: *Krühbusch-Hof*

Neues Leben im historischen Wohn- und Fabrikationshof

Mit den *Shedhallen* physisch verbunden sind die Wohnhäuser im *Krühbusch-Hof*. Das Ensemble zeigt eindrücklich die historische Nähe von Wohnen und Arbeiten. Die beiden Wohnhäuser auf dem BOB CAMPUS, eines direkt am Krühbusch neben dem neu entstandenen Quartiersplatz mit der Freitreppe gelegen und eines in zweiter Reihe im Hof, stammen mit ihren Gründerzeitfassaden unverkennbar aus einer anderen Zeit.

Die Ästhetik des Unperfekten

Beide vorderseitigen Schmuckfassaden haben wir im Rahmen der Sanierung zum Erstaunen mancher nicht „herausgeputzt“, sondern ließen stattdessen die Spuren und die verblasste Farbe weitgehend unangetastet. Der Fokus lag nicht auf einem makellosen Ergebnis. Wie bei allen Bauteilen des BOB CAMPUS hat uns auch hier die Frage geleitet, welche Bestandteile und Spuren erhalten bleiben können, um die Geschichte und den Lebenszyklus des jeweiligen Gebäudes lesbar und erfahrbar zu machen.

Planen und Bauen als Teil dieses Lebenszyklus bindet Ressourcen: in Form von Energie auf der Baustelle und vor allem bei der Herstellung von Baustoffen und -teilen, in Form von Arbeitsleistung durch Planende und Ausführende sowie in Form von Geld, das für die Arbeit, Roh- und Baustoffe zu zahlen ist. Diese Ressourcen sind nach der Fertigstellung der Baumaßnahme im Gebäude gespeichert – genau wie die Geschichten und Erinnerungen, die Bewohner*innen mit ihnen verbinden.

Unser ästhetisches Empfinden ist darauf konditioniert, alles Neue und vermeintlich Makellose als Ausdruck einer an Geld orientierten Wertsteigerung zu verstehen, denn wir verknüpfen es unweigerlich mit den finanziellen Mitteln, die in das Bauprojekt geflossen sind. Arbeitsleistung und die zur Herstellung benötigte Energie sind nach der Fertigstellung nicht mehr sichtbar und erhalten daher oft kaum Wertschätzung. Patina erzählt Geschichten aus vergangenen Zeiten und zeigt, dass Vergänglichkeit unser Leben bestimmt. Sie macht urbane Räume vielfältig und lebendig. Die alten Gesichter der Häuser im *Krühbusch-Hof* erzählen von den ehemaligen Textilarbeiter*innen und ihren Familien, von ihren kurzen Wegen von der Wohnung zum Arbeitsplatz sowie vom Lärm der Webstühle, den sie vermutlich bis ins eigene Schlafzimmer gehört haben.

Abreißen oder erhalten?

Die Modernisierung der beiden Wohnhäuser aus der Gründerzeit stellte uns anfangs vor die Frage, ob ein Erhalt der Häuser unter wirtschaftlichen Gesichtspunkten überhaupt möglich ist. Die Dächer waren von Schwamm befallen und erforderten eine grundlegende Sanierung. Die noch aus der Bauzeit stammenden Holzfenster waren einfach verglast und morsch. In beiden Häusern flogen Tauben ein und aus. Es gab keine Heizung, keine Badezimmer, dafür veraltete Leitungen und Feuchtigkeit im Keller. Ein Abriss lag nahe und wurde gründlich diskutiert und abgewogen.

Für den Erhalt der nicht unter Denkmalschutz stehenden Wohnhäuser sprach die sichtbare Bedeutung des Wohn- und Fabrikationshofs als Ort der Arbeit im Quartier. Unübersehbar war auch der Wert der erhalten gebliebenen Holztreppenhäuser und Kassettentüren aus der Gründerzeit. Doch allein das hat nicht zur Entscheidung für den Erhalt geführt. In die Waagschale kam vor allem die absehbare Wirkung für die Menschen.

Im Quartier fehlen zum einen bezahlbare Wohnungen für große Familien. Zum anderen herrscht bei vielen Gebäuden Sanierungsstau und ein Mangel an barrierefreien Wohnungen für Menschen mit Behinderung oder ältere Bewohner*innen. Baurechtlich hätte ein Abriss zur Folge gehabt, dass wir in der unmittelbaren Nähe zur gewerblichen Nutzung in den *Shedhallen* und der *Fabrik* keine neuen Wohnhäuser hätten errichten können, wobei die Neubaukosten die der Sanierung ohnehin noch überstiegen hätten.

Wir entschieden uns daher für die Umwandlung der ehemaligen Betriebswohnungen in dringend benötigten Wohnraum mit Finanzierung und Förderung aus Mitteln der Wohnraumförderung und damit verbundene langfristige Kapitaldienste und sichere niedrige Zinsen. Auch der Einsatz von mehr Eigenkapital war notwendig. Möglich wurde die finanzielle und handwerkliche Herausforderung außerdem durch die Kooperation mit dem lokalen Jobcenter und der Gesellschaft für berufliche Aus- und Weiterbildung (GBA), die von Erwerbslosigkeit betroffene Menschen in handwerklichen Arbeiten qualifiziert und ihnen damit den Einstieg in den Arbeitsmarkt erleichtert.

Für die behutsame Sanierung der Gebäude und die Errichtung der elf neuen Wohnungen bedurfte es einer Baugenehmigung, da die beiden Wohnhäuser bis zur Insolvenz des Textilunternehmens für betriebliches Wohnen genutzt worden waren. Im Bebauungsplan galt dies als industrielle Nutzung, weshalb mit der Baugenehmigung auch ein vorhabenbezogenes Bebauungsplanverfahren aufgestellt wurde. Das kostete über ein Jahr Zeit. Bevor wir mit den Baumaßnahmen beginnen konnten, galt es noch die Bewilligung der Fördermaßnahmen abzuwarten. Kurz nach Baubeginn warf die Corona-Pandemie die Baustelle zeitlich noch weiter zurück. Die Sinnhaftigkeit der Entscheidung für den Erhalt der beiden Gründerzeithäuser wurde immer wieder auf den Prüfstand gestellt.

Der historische Bestand stellte uns und die Architekt*innen vor große Herausforderungen hinsichtlich der Realisierung zeitgemäßer Wohnungen mit Themen wie Barrierefreiheit oder der Einhaltung festgelegter Wohnungs- und Zimmergrößen gemäß der Förderrichtlinien. Die Zusammenlegung mehrerer kleinerer Wohnungen schuf Raum für große Familien und neue Wohnformen wie Wohngemeinschaften oder Patchworkfamilien. Zudem erhielten alle Wohnungen barrierefreie Bäder und teilweise barrierefreie Zugänge über die neue Aufzugsanlage mit Stegen bis in die Wohnungen hinein. Der Außenaufzug aus Sichtbeton bildet einen markanten Kontrast zur Backsteinfassade der *Shedhallen*, sowohl farblich als auch architektonisch: Gegenwart trifft auf Vergangenheit. Die Stege erschließen nicht nur die Wohnungen des vorderen Wohnhauses, sondern auch die Bürolofts der *Shedhallen*. Außerdem erlauben sie vom Krühbusch aus den barrierefreien Zugang zur Nachbarschaftsetage und zum *Nachbarschaftspark*. Somit bilden Außenaufzug und Steganlage wichtige Elemente im Netz der neuen Wegeverbindungen des BOB CAMPUS.

Grundriss Bestand,
Ebene 3

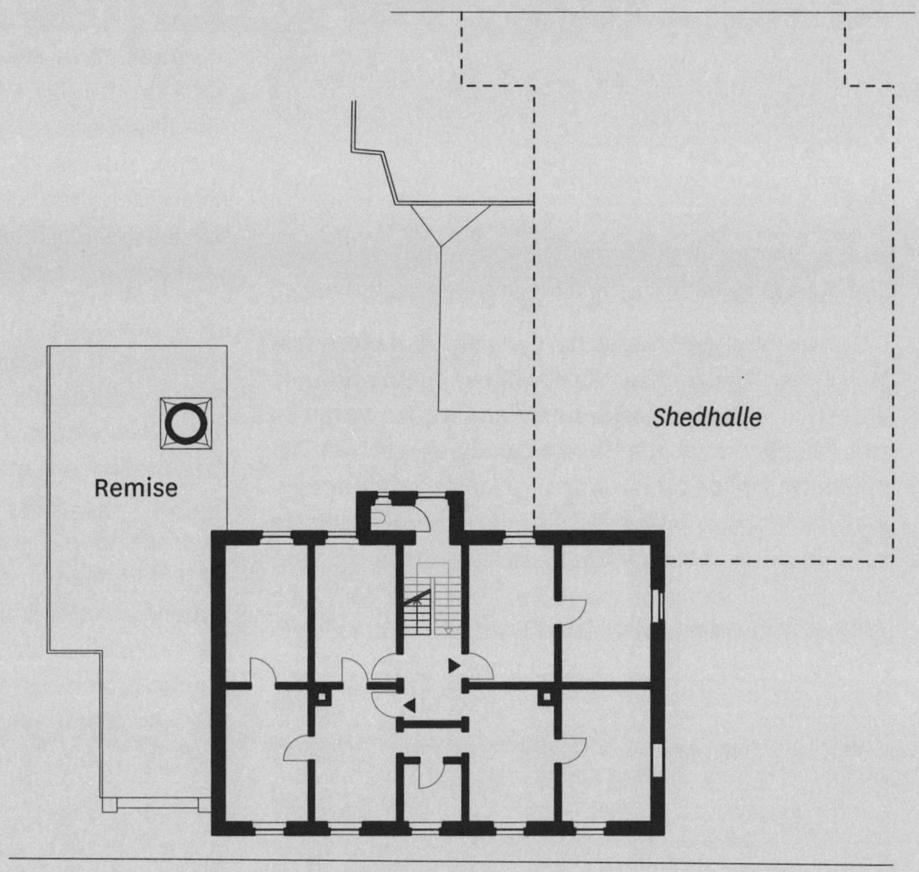

Grundriss nach Umbau,
Ebene 3

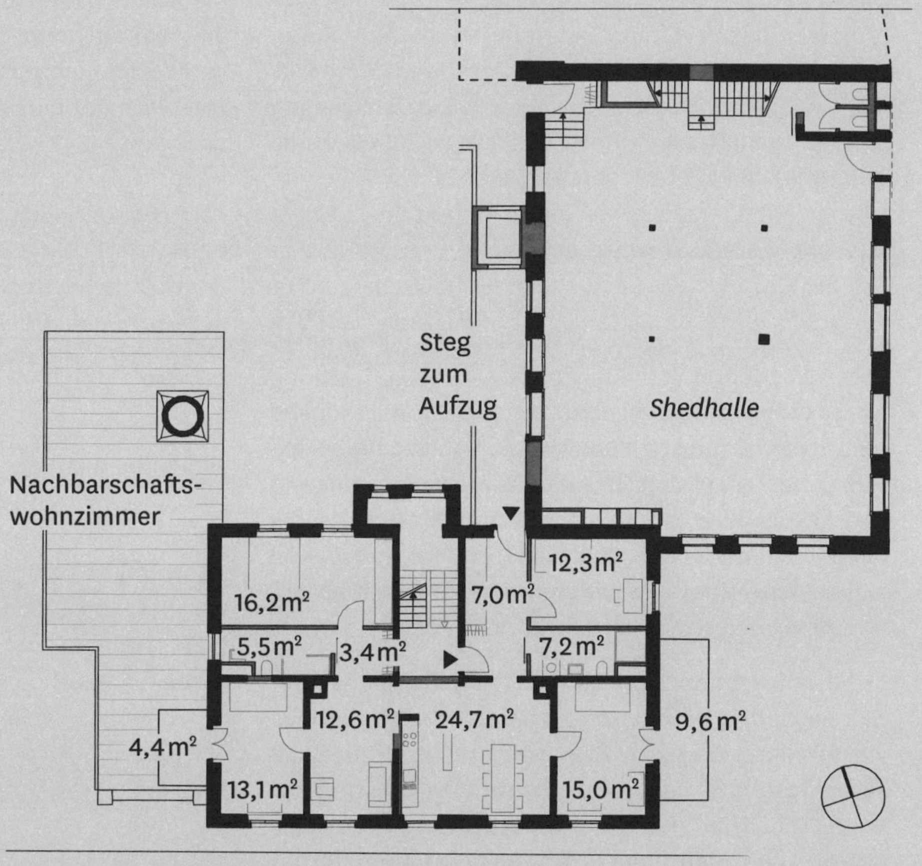

Gemeinsam bauen lernen

Für das Dach, die neuen Holzfenster, den wärmedämmenden Innenputz, Fliesenarbeiten und alle Gewerke der technischen Gebäudeausrüstung beauftragten wir Fachfirmen. Die komplette Haus- und Elektrotechnik musste neu eingebaut werden. Noch vor der Energiekrise 2022 entschieden wir uns für den Einbau einer neuen Gasheizung in beide Wohnhäuser.

Die Entrümpelung, Abbrucharbeiten, das Mauern, die Maler- und Lackierarbeiten sowie vor allem alle Holzarbeiten tätigte das Qualifizierungsteam der GBA, das zum festen Bestandteil der Baustelle wurde. Mit der Einrichtung einer temporären Tischlerei in der ehemaligen Remise und einem Sozialraum in einer der zukünftigen Wohnungen entstand über die Bauzeit von über zwei Jahren so etwas wie eine eigene Bauhütte für den BOB CAMPUS. Die Handwerker*innen stellten neue Fensteröffnungen her, mauerten Brüstungen und innen liegende Wände, tauschten die alten, von Wurmfraß und Feuchtigkeit abgehenden Holzdielen aus, verfüllten den Boden mit Quarzsand und Mineralwolle, bauten neue Holzdielen, arbeiteten einen Großteil der originalen Holzkassettentüren auf, bauten neue Zargen dazu, schliffen und lackierten sie liebevoll, genau wie die historischen Treppenläufe und Geländer aus Holz. Die Leistung der Handwerker*innen ist nun auch in die Geschichte der Wohnhäuser eingeschrieben. Wir Projektentwickler*innen haben durch die Zusammenarbeit eine andere Art des Bauens erfahren. Zeitdruck war in diesem Fall nicht angesagt. Der Fokus lag immer auf der Qualität, auf der Beschäftigung mit Material und Handwerk.

Arbeit sichtbar machen

Noch während die ersten Mieter*innen im Frühjahr 2022 einzogen, reinigte und strich das Qualifizierungsteam die letzten Wohnungen. Diese Überschneidung führte teilweise zwar auch zu Konflikten, überwiegend wegen Lärm- und Staubentwicklung; doch das Kennenlernen von Mieterschaft und Qualifizierungsteam und das Sichtbarwerden der Arbeit bewirkte, dass die Mieter*innen eine Ahnung davon bekamen, mit wieviel Liebe, Schweiß und Geduld die Handwerker*innen ihre Wohnungen hergerichtet hatten.

Insgesamt gibt es heute elf Wohneinheiten in den beiden Häusern im *Krühbusch-Hof*: sieben im Vorderhaus, vier im Hinterhaus, acht davon öffentlich gefördert mit einer Startmiete von 5,70 Euro je m², drei wurden von uns frei finanziert. Für diese drei Wohnungen liegen die Mieten höher und tragen zur Gemeinwohlrendite des Gesamtprojekts bei. Die Wohnungsgrößen variieren von 55 bis 120 m² und haben zwei bis sechs Zimmer, jeweils einen neuen Balkon oder eine Terrasse und neue großzügige Bäder mit bodengleichen Duschen. Die differenzierten Raumaufteilungen eignen sich für Alleinstehende, Paare, große Familien und Wohngemeinschaften. Fünf der elf Wohneinheiten sind barrierefrei über den neuen Außenaufzug samt Stegen oder ebenerdig zu erreichen.

Allen Bewohner*innen steht die ehemalige Remise als Nachbarschaftswohnzimmer zur gemeinsamen Nutzung zur Verfügung. Sie erhielt ein neu gedämmtes Dach, Innendämmung, eine Heizung, einen neuen Estrichbelag, Sanitärräume, neue Elektroleitungen und Anschlüsse für den Einbau einer Küche. Die Bewohner*innen können sich den Raum, der wie acht der elf Wohnungen ebenfalls öffentlich gefördert ist, nach ihren Vorstellungen gestalten. Durch die behutsame Sanierung des Schornsteins und den Einbau eines modernen Kaminrohrs kann auch ein Kamin oder Pizzaofen angeschlossen werden.

Einst stand im heutigen Nachbarschaftswohnzimmer eine Dampfmaschine, die die Web- und Flechtstühle in den Shedhallen antrieb. Später wurden dort Bleikugeln für Gardinenbleibänder hergestellt. Zuletzt diente sie als Tischlerwerkstatt des Qualifizierungsteams. Die Remise mit ihrem hochragenden Schornstein und der roten Backsteinfassade ist nicht nur ein Wahrzeichen der früheren Industriekultur. Sie veranschaulicht einmal mehr die Geschichte und die Transformation des Ortes.

Helmut
FLEISCHW

9B

H. Koster
A. Messerschmidt

CU300K

P103

Abrund-Fräser
Rounding Over Cutter
R= 6 mm
Abrund-Fräser
Rounding Over Cutter
R= 10 mm
Karniesstab-Fräser
Profile Cutter
R= 4 mm
Karniesstab-Fräser
Profile Cutter
R= 6,4 mm
Nut-Fräser
Straight-Cutter
8 mm
Nut-Fräser
Straight-Cutter
10 mm
Nut-Fräser
Straight-Cutter
16 mm
Bündig-Fräser
Trimming Cutter
13 mm

NICHT Bearbeiten!

euroline

Einfahrt
frei lassen!

CORSA

! Sicherheit auf Schritt und Tritt !
MANNS GmbH
Erd- und Abbrucharbeiten
Spezialtiefbau
Baustoffhandel
www.abbruchtechnik-manns.de
Achtung Schadstoffe, Asbest, KMF, PAK
VORSICHT ABBRUCHARBEITEN
Kein Zugang für nichtauthorisierte Dritte
Persönliche Schutzausrüstung
Auf der Baustelle ist es Pflicht die jeweils notwendige Schutzausrüstung zu tragen!
Betreten der Baustelle verboten Eltern haften für Ihre Kinder!
Notfall: 112
Einfahrt freilassen!

GEN + GEMEINSCHAFTSRAUM UND
BÜROLOFTS AUF DEM BOB CAMPUS
Bundes und des Landes Nordrhein-Westfalen über die NRW.BANK
NRW.BANK
Gerüstbau
KARBANGE
0 202 / 64 52 27
www.geruestbau-karbange.de

Einfahrt
frei lassen!

HELDEN

SILE
Heinrich Heine
BUST

Juicy

Gardol

AiNOL

Rundgang: *Nachbarschaftspark*

Freiraum für alle

Die Freifläche an der Nord- und Westseite der *Fabrik* bildet ein Plateau, das auf Ebene 3 über Aufzüge, Treppen und Rampen alle Nutzer*innen und Mieter*innen zusammenbringt. Hier ist Platz für einen Freisitz vor den Gastronomieflächen, Fahrradabstellplätze und eine Feuerwehraufstellfläche für die Sicherheit.

Das Plateau geht auf gleicher Ebene über in die größte Terrasse des *Nachbarschaftsparks*. Diese ist über den gelben Turm der *Fabrik* auch barrierefrei erreichbar und eignet sich ideal für Feste, Märkte, Aufführungen oder Kurse im Freien. Hier kreuzen sich viele neue Wegeverbindungen für die Quartiersbewohner*innen: von der Wichlinghauser Straße im Westen zur Max-Planck-Straße im Osten die raumbildende diagonale Achse; vom Krühbusch aus über die Nachbarschaftsetage und die große Rampe zum neuen Aufgang zur Nordbahntrasse, von dort per Fuß oder Rad weiter in die anderen Stadtteile Wuppertals. Die Wege sind gesäumt von Nuss- und Obstbäumen, Felsen und Bänken zum Ausruhen. Vor der Nordbahntrasse liegt der steile Hang mit natürlichem Baumbewuchs, ein Stück Wildnis mitten in der Stadt.

Unterhalb der großen Terrasse falten sich weitere Terrassen im Zickzack in den Hang hinein, eingefasst durch Mauern aus Stampfbeton, der aufgrund eingelagerten Muschelkalks eine warme Färbung aufweist. Je nach Interesse und inhaltlichem Schwerpunkt haben die hier aktiven ehrenamtlichen Gärtner*innen und Initiativen aus der Nachbarschaft Hochbeete oder kleine Felder angelegt, in und auf denen es wächst und gedeiht. Es gibt auch eine Gemeinschaftsfläche für Beerensträucher und Weinreben. Weiter unten steht der Geräteschuppen aus Holz mit Schubkarren, Harken und Spaten der Gärtner*innen. Der *Nachbarschaftspark* ist eingefasst durch einen Zaun aus verzinktem Stahl mit runden Stäben und großzügigen Eingangstoren.

Mit der kommunalen Verwaltung kooperieren

Damit sich die frühere Industriebrache gemäß dem Entwurf des Landschaftsarchitekturbüros atelier le balto in eine Oase für die Nachbarschaft entwickeln konnte, bedurfte es vieler Schritte und Entscheidungen unterschiedlicher Menschen sowie eines interdisziplinären Teams, das bereit war, Verantwortung zu übernehmen. Der *Nachbarschaftspark* ist das Ergebnis einer langfristig angelegten Kooperation aus Grundstückseigentümerschaft, gemeinwohlorientierter Investorin, Kommune, Landschaftsarchitekturbüro, bürgerschaftlichen Initiativen und der Nachbarschaft.

Neben der Bereitschaft der Grundstückseigentümerschaft, das Grundstück in Erbbaurecht an die gemeinnützige Projektgesellschaft zu geben und dabei auf die Erhebung des Erbbauzinses zu verzichten, war es vor allem eine frühzeitige Kooperationsvereinbarung zwischen Kommune, Projektgesellschaft und Stiftung, die den Weg ebnete. Bereits im ersten Entwicklungsjahr wurde diese vom Rat der Stadt verabschiedet und durch den Oberbürgermeister, die Geschäftsführung der Projektgesellschaft Urbane Nachbarschaft BOB und den Vorstand der Montag Stiftung Urbane Räume unterzeichnet. Darin verpflichtete sich die Stiftung, der Projektgesellschaft Mittel für die kooperative Entwicklung des Gesamtprojekts bis zum Betrieb bereitzustellen. Die Stadt Wuppertal sicherte zu, Fördermittel im Rahmen des Bund-Länder-Programms Soziale Stadt – seit 2020 Sozialer Zusammenhalt – zu beantragen, um auf dem BOB CAMPUS einen öffentlichen Park für die Nachbarschaft zu errichten und von dort einen Zugang zur Nordbahntrasse zu schaffen. Dies war für die Projektgesellschaft aus mehreren Gründen eine Grundvoraussetzung für die Investition in die Sanierung und Umwandlung des Industrieareals in einen Ort des Gemeinwohls: Erstens benötigten die Menschen im Quartier dringend mehr Grün- und Erholungsraum, was eine zentrale Aufgabe der Daseinsvorsorge ist und damit in der Verantwortung einer Kommune liegt. Zweitens hätte die Investition in die Entwicklung dieser brachliegenden Freifläche mit über 4.500 m², einem Höhenunterschied von über 17 m und erheblichen Altlastenvorkommen eine wirtschaftliche Umsetzung des Gesamtprojekts für die Projektgesellschaft allein unmöglich gemacht. Drittens sollte ein öffentlicher Raum entstehen, für dessen Errichtung und Betrieb wir Regelungen finden wollten, die auch für andere Stadtmacher*innen zukunftsweisend sein können.

Mit der Nachbarschaft eine gemeinsame Vision entwickeln

Um diese grundsätzliche Voraussetzung zu schaffen und den kooperativen Ansatz des Projekts auch in die Planung und Umsetzung des Parks zu integrieren, entwickelten wir noch vor Unterzeichnung der Kooperationsvereinbarung eine Vision für den Park in einem Kreis aus Vertreter*innen der Kommune, Projektgesellschaft, des Architekturbüros und der Stadtteilinitiativen. In einem Pitch haben drei Landschaftsarchitekturbüros vorgestellt, wie sie im Falle einer Beauftragung an das Thema herangehen würden. Dabei kam es also nicht darauf an, einen Entwurf zu präsentieren, sondern vielmehr darauf, ihren Ansatz der Entwicklung und Planung zu erläutern. Das Büro atelier le balto überzeugte die Runde mit seiner Idee, im Rahmen von Residenzwochen vor Ort herauszufinden, was die Natur und die Menschen brauchen, und daraus eine Vision zu entwickeln. Die Entscheidung für das Büro trafen wir in dem oben genannten Kreis konsensual, also übereinstimmend und einmütig. Der Prozess war für alle Beteiligten vertrauensbildend und eine wichtige Grundlage für den komplexen Weg, der vor uns lag.

Fördermittel beantragen und Leistungen ausschreiben

Da das gesamte Areal im Fördergebiet liegt und mit dem Park eine öffentliche Nutzung etabliert wird, konnte die Stadt für die Planung und Errichtung des *Nachbarschaftsparks* 80 Prozent der veranschlagten Kosten aus dem Bund-Länder-Programm Soziale Stadt/Sozialer Zusammenhalt und 10 Prozent aus dem Europäischen Fonds für regionale Entwicklung (EFRE) beantragen. 10 Prozent der Kosten musste die Stadt selbst aufbringen. Die Förderzusage zur Realisierung des *Nachbarschaftsparks* stellte einen weiteren Meilenstein für das Projekt und die Kooperation zwischen Stadt und Projektgesellschaft dar.

Die Stadt schrieb nun die Leistungen für die Entwurfs- und Ausführungsplanung sowie die Bauüberwachung und die Bauleistungen europaweit aus. Das Besondere dabei: Mehrere mehrtägige, mit der Nachbarschaft durchzuführende Aktionen zum gemeinsamen Bauen und Gärtnern waren Teil des Anforderungsprofils an die Planer*innen. atelier le balto erfüllte diese Anforderungen und die Stadt Wuppertal beauftragte das Büro daraufhin mit der Planung des Parks. Das Grünflächenamt der Stadt übernahm die technische Projektsteuerung. Für die Ausführungsplanung und Bauleitung zogen die Landschaftsarchitekt*innen von atelier le balto zusätzlich ein in der Region ansässiges Büro hinzu.

Regelmäßige Arbeitstreffen der Beteiligten

Die kooperative Entwicklung des *Nachbarschaftsparks* wurde in einem regelmäßig tagenden Arbeitskreis an- und vorangetrieben: Hier kamen die Landschaftsarchitekt*innen von atelier le balto, das Grünflächenamt und das zentrale Fördermanagement der Stadt Wuppertal, die Baustellenleitung, die Koordination und das Quartiersmanagement für das Fördergebiet und wir als Projektentwicklerin des BOB CAMPUS zusammen.

Durch die Workshops und Aktionen mit der Nachbarschaft, im Zuge derer wir gemeinsam planten, die Brachfläche entrümpelten, einen Geräteschuppen und Hochbeete bauten sowie die Beete bepflanzten, wurde das Team von atelier le balto – trotz der Entfernung zwischen Wuppertal und Berlin – zu einem wichtigen Teil der Gemeinschaft, die sich nach und nach rund um den BOB CAMPUS entwickelte.

Strukturen für den Betrieb planen und schriftlich vereinbaren

Doch für die Zukunft und den Betrieb des Parks mussten wir weiterdenken. Welche Strukturen sind für den Betrieb notwendig? Wer pflegt den Park und wer die Beete? Wer trägt die Verantwortung für die Sicherheit der Nutzer*innen? In einer Gestattungs- und Nutzungsvereinbarung zwischen Stadt und Projektgesellschaft differenzierten wir die Verantwortlichkeiten klar: Die Stadt sorgt für Verkehrssicherheit, Reinigung und den Baumschnitt, beseitigt Schnee und leert wöchentlich die Mülleimer. Die Projektgesellschaft organisiert und begleitet die Beetpatenschaften sowie weitere Aktivitäten im Park und würde bei Bedarf auch das Auf- und Abschließen der Tore übernehmen. Sie hat also die Rolle der Intermediärin zwischen Bürger*innen und Stadtverwaltung. Für die Nutzung der Beete werden Vereinbarungen zwischen Beetpat*innen, Projektgesellschaft und Grünflächenamt geschlossen. Darin ist geregelt, dass die Initiativen, Vereine, Schulklassen und Nachbar*innen Verantwortung für ihre Beete übernehmen und diese selbst im Sinne des Gemeinwohls gestalten können. Regelmäßige Workshops, für die auch die Landschaftsarchitekt*innen immer wieder nach Oberbarmen kommen, unterstützen sie dabei.

Weiter experimentieren und gemeinsam Lernen

In der alltäglichen Nutzung des *Nachbarschaftsparks* gibt es weitere Herausforderungen zu meistern. Dies lässt sich an einem konkreten Beispiel gut veranschaulichen: Zwar gibt es ein Regenrückhaltebecken im Park, doch darf dieses aufgrund der Risikobetrachtung der Stadt im Hinblick auf eine mögliche Verwechslung mit Trinkwasser nicht zur Bewässerung der Beete genutzt werden. Auch das Sammeln und Nutzen des Regenwassers vom Dach der *Fabrik* ist nicht möglich, da die Entwässerung von Regenwasser von privatem auf öffentlichen Grund nicht erlaubt ist. Daher wurden durch die Stadt Trinkwasserhydranten eingebaut, deren Nutzung zwischen Stadt und Gärtner*innen im Rahmen der Beetpatenschaften vereinbart werden soll.

Weitere Herausforderungen und Fragen tauchen seit der Eröffnung des *Nachbarschaftsparks* auf: Ist das Ausführen von Hunden erlaubt und wer sorgt dafür, dass ihre Besitzer*innen die Hinterlassenschaften entsorgen? Dürfen die Kinder aus dem Stadtteil überall Beeren und Feigen pflücken oder nur an den städtischen Sträuchern und Bäumen? Wer darf bei welchem Beet mitmachen? Wie und woher kommt ein guter Kompost in die Beete? Es gilt nun, kontinuierlich Lösungen zu finden, auszuprobieren und diese mitunter auch wieder zu verwerfen. Wie beim Betrieb der Nachbarschaftsetage hat auch beim *Nachbarschaftspark* mit dem Abschluss der Bauphase eine neue Phase des Experimentierens und gemeinsamen Lernens begonnen.

Eine Form für die Allmende

Gastbeitrag von Véronique Faucheur und Lilith Unverzagt, atelier le balto

Wir kamen im Winter auf dem Fabrikgelände in Wuppertal-Oberbarmen an. Es war kalt und grau. Wir waren auf Einladung der Montag Stiftung Urbane Räume dort, um unsere Herangehensweise zur Gestaltung des heutigen *Nachbarschaftsparks* zu präsentieren. Es ging um die Frage, wie wir vorgehen würden, um das neben der ehemaligen *Fabrik* brachliegende Gelände in einen für alle Anwohner*innen einladenden Park umzuwandeln. Der Aspekt der Förderung einer lebendigen Nachbarschaft stand bei unserem Auftrag klar im Vordergrund.

Der Anfang: In der Residenzwoche entsteht die Idee

Für uns war die Auseinandersetzung mit dem Bestand essenzieller Ausgangpunkt für die Entwicklung einer gelungenen Parkanlage. Wir schlugen vor, als Team eine Woche vor Ort zu verbringen, ganz im Sinne einer „Künstlerresidenz", um die besonderen Eigenschaften und Qualitäten des Areals zu erkunden und hautnah zu erleben. Dies erschien uns wesentlich dafür zu sein, später einen Entwurf zu entwickeln, bei dem wir den Bestand vor Ort möglichst gut integrieren und nutzen können. Für unser Berliner Team stellte die starke Topografie vor Ort eine interessante Herausforderung dar, denn aus der Hauptstadt waren wir eher Höhenunterschiede von maximal 100 cm gewohnt. Wir waren motiviert!

Eines der Ziele war, mit dem Park die Max-Planck-Straße sowie die Wichlinghauser Straße zu verbinden, und dabei galt es, insgesamt 17 m Höhenunterschied zu überwinden. Und der Park sollte noch mehr leisten: Er sollte möglichst viel Raum für verschiedene Formen der Nutzung bieten – obwohl die Anlage nur 4.500 m² groß ist. Die Lösung kam mit dem Zeichnen: Sie lag in der Schaffung einer Terrassierung, durch die wir die Fläche dreifach vergrößern und so viel mehr ermöglichen konnten. Dank einer Abwechslung von niedrigen Stufen und langen Podesten wären Auf- und Abstieg im Park als angenehmer Spaziergang möglich.

Unser geplanter mehrtägiger Aufenthalt vor Ort fand schließlich statt und lohnte sich sehr. Mit Körpermaß und bloßen Schritten vermaßen wir die Anlage ein erstes Mal und bekamen so schon ein gutes Gefühl für das Gelände. Mit unseren Augen konnten wir zudem über mehrere Stunden hinweg verschiedene Variationen und Phasen des Tageslichts und der Lichtverhältnisse vor Ort einfangen. Und das Wichtigste: Wir hatten Gelegenheit, die Menschen aus der Nachbarschaft zu treffen, die uns ihre Schätze auf dem Gelände zeigten: trockene Stängel und Blüten eines Sommerfliederbuschs, grünbraune Königskerzen oder Natursteinpflaster, die spielerisch zu Haufen gestapelt oder in Reihen angeordnet waren. Am dritten Tag halfen uns dann Kinder dabei, eine 30 m lange Richtschnur entlang des Hangs zu spannen – und schon hatten wir die genaue Lage des künftigen Hauptwegs!

Am Ende unserer kreativen Residenzwoche präsentierten wir unseren Auftraggeber*innen und den interessierten Nachbar*innen unsere ersten Ideen in Form einer Ausstellung mit Akrylbildern und Zeichnungen unserer Wahrnehmung des Ortes, eines Modells sowie atmosphärischer Perspektiven und Erzählungen. Die Resonanz war so positiv und das Interesse an den bestehenden Pflanzen auf der Brache in der eigenen Nachbarschaft so groß, dass der Gedanke des gemeinsamen Kultivierens entstand. Wir mussten also Platz für Kulturen und Pflanzbeete schaffen. Gleichzeitig sollte der Park öffentlich bleiben und sich nicht zur Kleingartenanlage mit eingezäunten Parzellen entwickeln. Wir griffen den Begriff Allmende auf, um diese Idee in eine Form zu bringen.

Der Prozess: Gemeinsam gärtnern und ausprobieren

Gemeinsam mit der inzwischen von den Montag Stiftungen gegründeten Projektgesellschaft kam uns die Idee, den Verborgenen Garten auf der anderen Seite des Gebäudes zusammen mit interessierten Nachbar*innen von seiner Verwilderung zu befreien. Auf diese Weise konnten wir die Transformation des Ortes mit einfachen gärtnerischen Mitteln partizipativ gestalten und sichtbar machen. Es war gleichzeitig eine Erprobung gemeinsamer Aktionen von Nachbarschaft, Projektgesellschaft und uns. Das Resultat war so positiv, dass die Idee der gemeinschaftlichen Terrassen zu einem zentralen Element des Parkentwurfs wurde. Mit unserer Beauftragung für die Planung durch die Stadt wurden weitere öffentliche Präsentationen und Gespräche organisiert, die für die positive Entwicklung

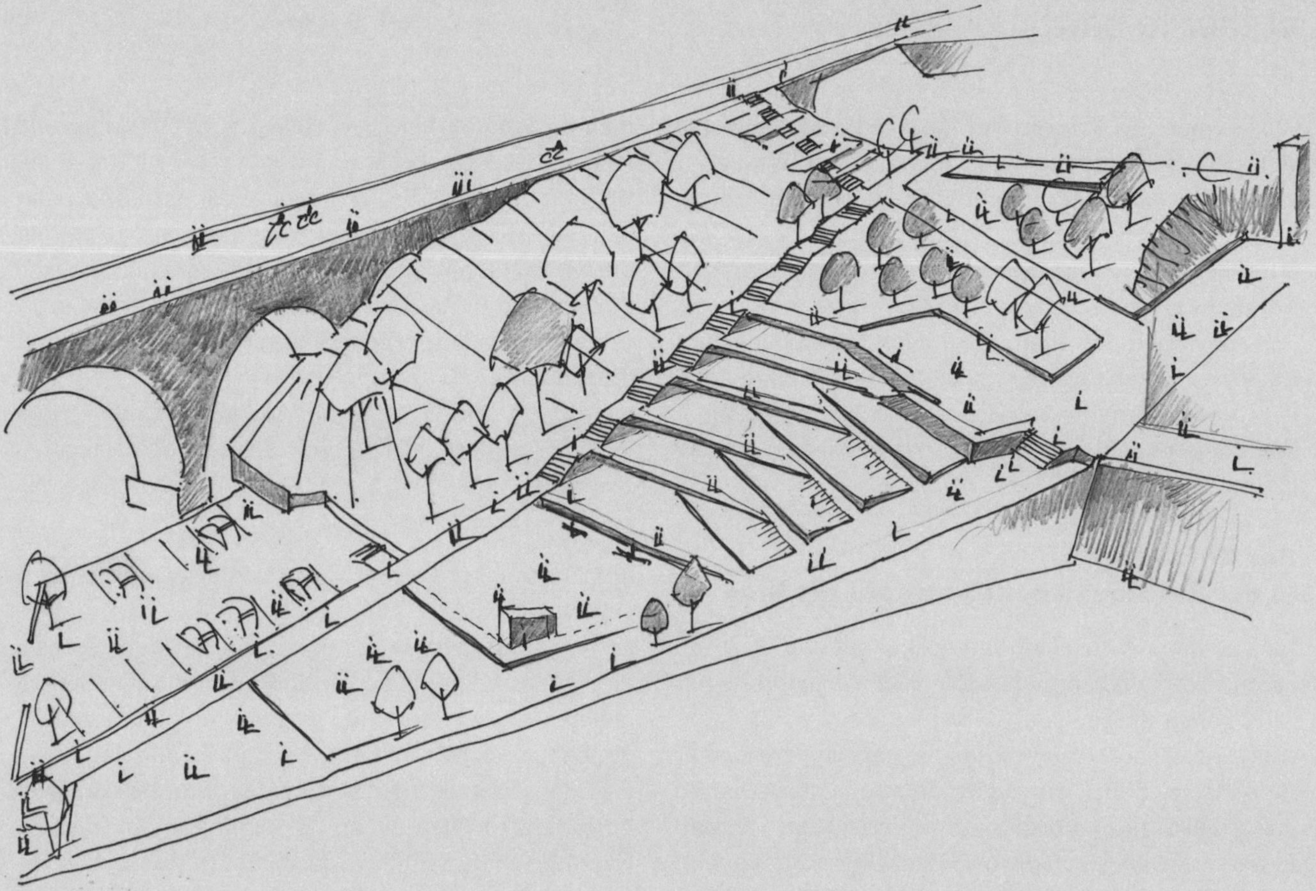

und Akzeptanz des Projekts im Viertel eine große Rolle spielten. Weitere Wünsche der Menschen aus dem Stadtteil, wie die Etablierung einer Obstwiese, die Anbindung des Parks an die Nordbahntrasse und die Erschließung der umgebauten *Fabrik*, ließen wir in den Entwurf einfließen. Die bestehenden Bäume wollten wir dabei so weit wie möglich erhalten, lediglich einige große alte Eschen auf dem stützenden Hang der Trasse mussten aus Sicherheitsgründen gefällt werden. Diese Notwendigkeit setzten wir gemeinsam mit dem Grünflächenamt der Stadt so rechtzeitig um, dass sich die von vielen geschätzte wilde Natur des Hangs bis zum Tag der Parkeröffnung wieder entfalten konnte.

Das Fällen der Bäume kommunizierten und erläuterten wir im Rahmen eines zweiten Workshops, sodass wir die Nachbarschaft bei diesem sensiblen Thema frühzeitig abzuholen vermochten und Verständnis für unser Vorhaben reifen konnte. Weitere Workshops mit der Nachbarschaft während der Planungsphase dienten der Ideenentwicklung zum Bespielen der Terrassen. Die Nachbar*innen und zukünftigen Gärtner*innen konnten sich mit individuellen Wünschen und Vorstellungen hinsichtlich der Ausgestaltung der zahlreichen geplanten Pflanzbeete zu Wort melden und sich entscheiden, ob und in welcher Form sie sich an der Kultivierung des Areals beteiligen wollten. Ein Erfolg: Nach und nach meldeten sich immer mehr Menschen, Gruppen, Schulklassen und Vereine, um das Vorhaben zu unterstützen.

Der Entwurf: Bestand, Struktur und Pflanzen

Flankiert von einer erschließenden Treppe auf der linken und einer langen Rampe auf der rechten Seite bilden die Terrassen das Herzstück des Parks. Das gemeinschaftliche Gärtnern, das Umgraben, Säen, Pflanzen, Wässern und Ernten ebenso wie das Zusammenkommen, Beobachten und Entdecken geschehen hier, inmitten des Areals. Stampfbetonmauern stützen jede Terrasse nach unten ab und dienen als Balancierpfad, Sitzstufe und Bühne für die gemeinsame Arbeit im Garten. Die Terrassen haben einen kleinen Knick, der dem Gelände folgt und auf halber Höhe eine Verzahnung erzeugt. Dort treffen die geböschten Beete, die wir gemeinsam mit schwarzen und weißen Johannisbeeren, Stachelbeeren, Jostabeeren und Wein bepflanzt haben, auf die Beetreihen der einzelnen Gärtnergruppen.

Die große Terrasse auf Ebene des Plateaus erweitert die Nachbarschaftsetage in den Außenraum und multipliziert sich zu feineren kleinen Gartenterrassen, den BOB-Terrassen, die bis zur Wichlinghauser Straße abfallen und dort einen sanften Übergang bilden. Wir haben hier links und rechts des Eingangs zwei japanische Schnurbäume gepflanzt, deren elegante Krone und späte Blüte besonders bei Hummeln, Bienen und anderen Insekten beliebt sind.

Eine breite Feuerwehr- und Anlieferungsrampe bildet den oberen Anschluss zur Max-Planck-Straße und zu den letzten drei Terrassen, die zur Nordbahntrasse führen und von denen aus man einen sehr schönen Blick über den gesamten Park hat. Hier befindet sich auch die große Obstwiese, die an den vorindustriellen ländlichen Charakter erinnert. Wir haben hier Aprikosen, Birnen, Zwetschgen, eine Mirabelle und eine Süßkirsche gepflanzt und hoffen, dass deren Obst irgendwann von den Nachbar*innen gemeinsam geerntet und zu leckeren Kuchen und Marmeladen verarbeitet wird. Die Pflanzen im gesamten Park sind standortgerecht ausgewählt, sodass sie mit den klimatischen Verhältnissen des Ortes, der teils sehr sonnig, teils sehr verregnet ist, gut umgehen können.

Die Oberflächen und Materialien, für die wir uns entschieden haben, sind vor allem Beton, Stampfbeton und eine wassergebundene Wegedecke in sanften, erdigen Farben, die mit dem Charakter der umgebenden Industriebebauung harmonieren. Am unteren und am oberen Eingang gibt es eine Klinkermauer, die als Zitat auf das aus rotem Backstein bestehende Viadukt der Nordbahntrasse zu verstehen ist. Zäune sind in die Vegetationsflächen eingebettet und weisen weit zu öffnende Tore als einladende Geste auf. Die gepflanzten Stauden, Sträucher und Bäume an den Säumen des Parks haben wir so gewählt, dass sie sich in die bestehende Vegetation einbetten. An den Rand der Böschung haben wir Weiden, Haselnüsse und Vogelkirschen gepflanzt und bei den Treppen zur Nordbahntrasse drei Schwarzkiefern, zwischen deren langen Stämmen hindurch man in ein paar Jahren auf die Stadtlandschaft Wuppertals schauen wird.

Die kleine Gartenhütte am Fuß des Parks symbolisiert für uns den Gemeinschaftscharakter. Hier werden Geräte und Materialien der Gärtner*innen aufbewahrt. Es gibt ein großes Lager für alle, nicht etwa kleine private Hütten. Als *la cabane* gebaut war, bestätigte sich für uns, wie wichtig sie, gut sichtbar im Park platziert und dennoch nicht im Weg, als architektonisches Element für den Ort und die Gemeinschaft ist.

Das Bauen: Ein steiniger Weg

Während der Baustellenphase mussten wir flexibel auf zwei erhebliche Umstände reagieren: Einerseits entdeckten wir mit der Garten- und Landschaftsbaufirma, die für den Bau beauftragt wurde, eine riesige Menge aus unstabilen Gesteinen im Boden: Eine Mischung aus losen Stücken des ehemaligen Steinbruchs, der sich vor dem Bau der Textilfabrik auf dem Gelände befand, und teilweise mit Chemikalien kontaminierte Eisen- und Betonstücke, die zunächst entfernt werden mussten. Andererseits ergab sich die Notwendigkeit, unterirdisch ein Regenrückhaltebecken zu bauen. Das Starkregenereignis im Sommer 2021 und die Schäden, die durch die Überflutung entlang der Wupper entstanden waren, machten der Stadt Wuppertal klar, dass der Bau des Parks die Gelegenheit sein könnte, durch den Einbau eines Rückhaltebeckens die Leitung, die unter der Wichlinghauser Straße verläuft, zu entlasten. Diese beiden Faktoren verzögerten die Fertigstellung des Parks zwar, trugen aber letztlich zu einem nachhaltigen Ergebnis bei.

Teile der beim Bau vorgefundenen Gesteinsschicht sind im heute fertigen Park zu sehen. In ihren Sedimentschichten kann man Abdrücke von Muscheln und Steinen erkennen. Die Geschichte des Ortes, seine Entstehung und Entwicklung sind im Park immer noch deutlich wahrnehmbar. Das Regenrückhaltebecken ist zugleich eine wichtige Maßnahme der Klimaanpassung, um Schäden durch Starkregen im dicht besiedelten Bereich um den BOB CAMPUS vorzubeugen.

Der Park beginnt zu existieren

Nach Fertigstellung der BOB-Terrassen begannen wir die weitere Planung und Ausgestaltung der Beete: Bedarf und Verträglichkeit mussten wir hierbei abwägen, denn die Ästhetik des Areals sollte nicht verloren gehen. Die Terrassen werden zwar individuell gepflegt, sind jedoch öffentlich zugängliches Gelände und ein wesentlicher Teil des Gesamtbildes des BOB CAMPUS. Die Gärtner*innen aus der Nachbarschaft sind auf eine Art sehr großzügig, da sie viel Arbeit in die Pflege der Beete stecken und damit zur Gestaltung des gesamten Parks beitragen. Andererseits profitieren sie von der öffentlichen Fläche. Sie haben bestimmte Bereiche außerhalb ihrer Gemüsebeete mitbepflanzt und somit viel über Bedürfnisse und Wachstum der ausgewählten Pflanzen und Bodeneigenschaften gelernt. Der öffentliche Park ist so auch ein Stück ihr Park geworden.

Für uns Landschaftsarchitekt*innen ist es ein großes Geschenk, zu sehen, wie die Bilder, die einst in unseren Köpfen entstanden, während einer intensiven Auseinandersetzung mit dem Gelände und den Gegebenheiten vor Ort und in Form kraftvoller Zeichnungen zu Papier gebracht wurden, nach fünf Jahren nun mit Pflanzen, Tieren und Menschen zum Leben erwachen. Offiziell gilt der Park inzwischen als „fertiggestellt". Doch aus unserer Sicht beginnt er gerade erst zu existieren, zu erwachen und sich zu entfalten. Maßgeblich wirken dabei die engagierten Menschen aus der Nachbarschaft, die den Park mitbetreuen und gestalten. Wir sind zuversichtlich und blicken gespannt auf seine weitere Entwicklung, denn die Kombination aus öffentlichem Park und gemeinschaftlich genutzter Gartenfläche ist beispielgebend.

Gefördert durch die Europäische Union

EUROPÄISCHE UNION
Investition in unsere Zukunft
Europäischer Fonds
für regionale Entwicklung

EFRE.NRW
Investitionen in Wachstum
und Beschäftigung

STADT WUPPERTAL

Bundesministerium
für Wohnen, Stadtentwicklung
und Bauwesen

STÄDTEBAU-
FÖRDERUNG
von Bund, Ländern und
Gemeinden

Ministerium für Heimat, Kommunales,
Bau und Digitalisierung
des Landes Nordrhein-Westfalen

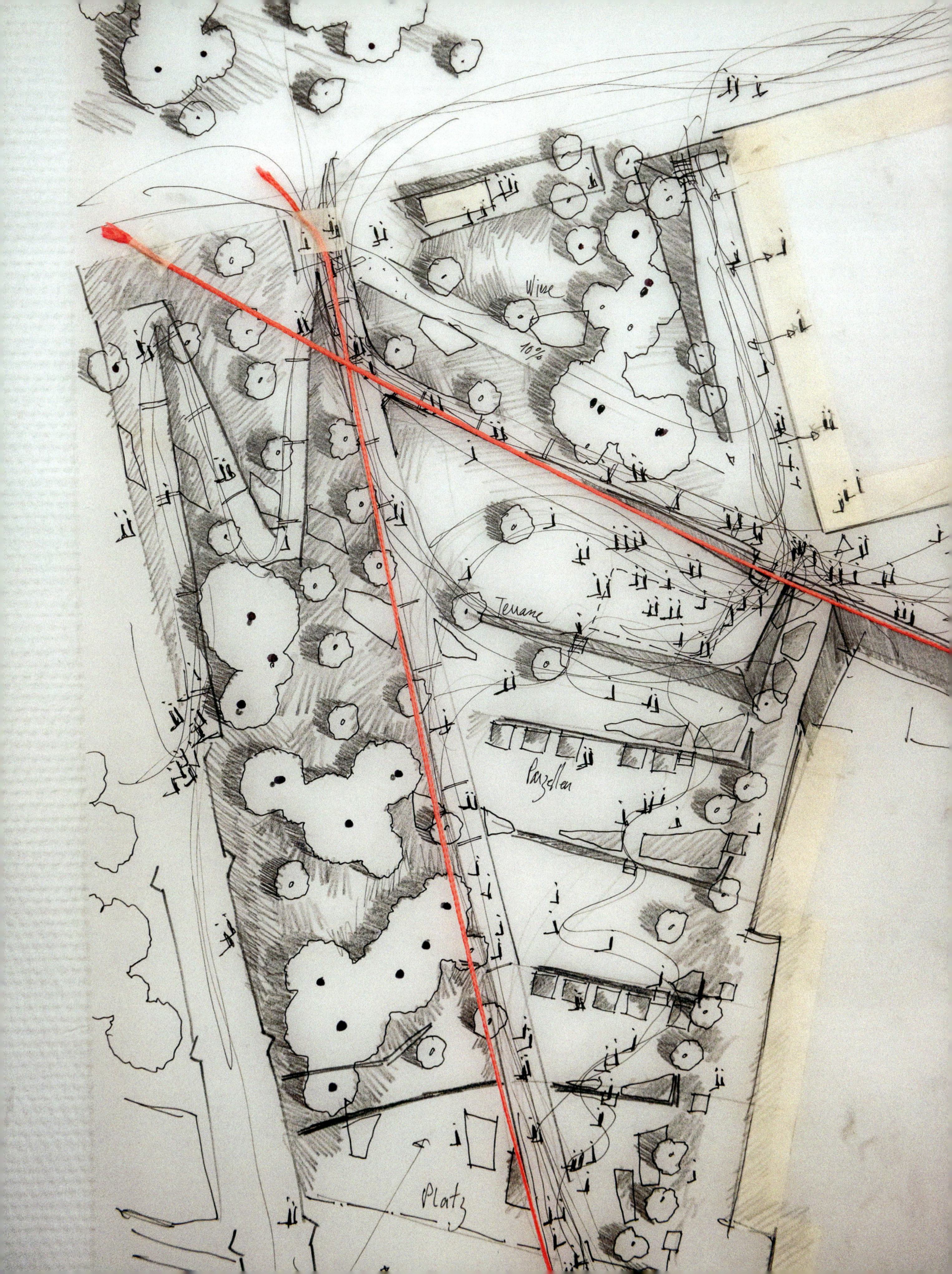
Wiese
10%
Terrasse
Parzellen
Platz

Ausblick Band 2

Formate, Methoden und Prozesse der Zusammenarbeit

Sommer 2023: Mit der Eröffnung des *Nachbarschaftsparks* ist der BOB CAMPUS vollständig im Betrieb und damit ein großes Etappenziel erreicht. Nun läuft die Phase des Kennenlernens und Ausprobierens. Menschen aus der direkten Nachbarschaft, aus Oberbarmen und ganz Wuppertal entdecken die Möglichkeiten des BOB CAMPUS: Sie lernen, arbeiten, wohnen, entspannen, spielen, lesen und gärtnern hier. Der BOB CAMPUS wird sich über die Zeit verändern und weiterentwickeln, er wird neue Geschichten erzählen und neue Erinnerungen vieler Menschen speichern.

Der BOB CAMPUS ist ein architektonisches Werk, ein Bauwerk. Er ist aber genauso ein Gemeinschaftswerk und eine soziale Skulptur, die viele Beteiligte geformt haben und weiter formen. Diese Prozesse sind nicht so sichtbar und zum Anfassen wie die Architektur, bilden aber den Kern unserer Projekte nach dem *Initialkapital-Prinzip*. Offenheit, Teilhabe, Gemeinschaftssinn und Kooperation prägen unsere Haltung und die Projektentwicklung von Beginn an. Wir sind überzeugt und durch unsere bisherigen Projekte darin bestärkt, dass eine Projektentwicklung, die auf Zusammenarbeit und Inklusion setzt und das Gemeinwohl im Blick hat, nachhaltig wirkt. Dies gilt erst recht für Stadtteile, in denen sehr unterschiedliche Perspektiven, Interessen und Lebensrealitäten zusammenkommen und in denen gleichzeitig viele Menschen Hürden begegnen, wenn es darum geht, ihre Belange geltend zu machen.

Der BOB CAMPUS ist heute eine funktionierende, mit dem Quartier verbundene Immobilie. Die Projektgesellschaft bewirtschaftet sie gemeinwohlorientiert, die Nutzer*innen und Mieter*innen kennen sich, treffen sich in Gremien und Arbeitskreisen, arbeiten anlassbezogen zusammen, teilen. Zivilgesellschaftliche und nachbarschaftliche Gruppen bespielen die Nachbarschaftsetage, kultivieren die BOB-Terrassen und stärken die Vernetzung untereinander und im Stadtteil. Der Campus eröffnet viele Chancen. Das ist das Resultat eines beispielhaften kooperativen Prozesses über einen Zeitraum von rund sechs Jahren. Dieser Prozess folgte Leitlinien und Zielen, war aber zu keiner Zeit starr und festgefahren: Offenheit heißt auch Mut zur Ergebnisoffenheit und Selbstreflexion, zum Ausprobieren und Verwerfen, zum Denken in Lösungen, statt in Problemen.

Im zweiten Band unserer Reihe *Gemeinwohl bauen*, der voraussichtlich 2024 erscheinen wird, widmen wir uns detailliert den miteinander verwobenen kooperativen Prozessen bei der Entwicklung und im Betrieb des BOB CAMPUS. Wir beschreiben und reflektieren neue Formate, Methoden, Prozesse und Formen der Zusammenarbeit, die unsere Leser*innen in ihren eigenen Projekten ausprobieren und weiterentwickeln können: zum Beispiel die Planungswerkstätten mit Schule und Kita, die Gemeinschaftsbildung innerhalb der Gruppe der Wohninteressent*innen, die Garten- und Mitbauaktionen wie das BOB LAB auf dem seinerzeit noch leerstehenden Fabrikareal, die *Public-private-Partnership* der Parkentwicklung oder das Format der BOB Botschafter*innen. Letztere setzen sich dafür ein, dass sich die Menschen aus Wuppertal-Oberbarmen auf dem BOB CAMPUS willkommen und zuhause fühlen und sich mit ihm identifizieren. Sie repräsentieren den Campus nach außen und gleichzeitig ihr jeweiliges soziales und familiäres Umfeld.

Wir beschreiben im zweiten Band, was wir mit Projektpartner*innen und Mitstreiter*innen gemeinschaftlich erarbeitet haben, wie wir dabei vorgegangen sind und was uns dabei geleitet hat. Der BOB CAMPUS dient dabei als exemplarisches Beispiel für die kooperativen Prozesse in all unseren Projekten nach dem *Initialkapital-Prinzip*. Die Erfahrungen und das Wissen der anderen Projekte haben die Realisierung des BOB CAMPUS geprägt und fließen somit auch in den zweiten Band mit ein. Zudem stellen wir einzelne Methoden, wie zum Beispiel die sogenannten Viertelsstunden, die nicht beim BOB CAMPUS, aber in anderen Projekten zum Tragen kommen, ebenfalls vor. Dabei lassen wir die Leser*innen an unserem Lernprozess teilhaben. Wir fragen und beantworten: Was hat sich bewährt und was waren relevante Erfolgsfaktoren dabei? Wo haben wir eingeschlagene Pfade verlassen und zuweilen Lehrgeld bezahlt? Wie machen wir Dinge beim nächsten Mal anders? Dabei zeigen wir unsere Sicht als Investorin, Projektentwicklerin und Betreiberin. Darüber hinaus geben wir den Perspektiven der anderen Projektbeteiligten zum Beispiel aus der Stadtverwaltung, der Schule und dem Kreis der BOB Botschafter*innen Raum.

Wir möchten allen Stadtmacher*innen – Kommunen, Investor*innen, zivilgesellschaftlichen Initiativen, Grundstückseigentümer*innen, Wohnungsbaugesellschaften, kirchlichen Träger*innen und Wohlfahrtsverbänden – unser Erfahrungswissen zur Verfügung stellen und sie ermutigen: Baut mehr Gemeinwohl!

Dank

Wir danken allen, die mit uns den BOB CAMPUS gedacht, geplant und gebaut haben, ihn heute bewohnen, nutzen, betreiben und durch ihr bürgerschaftliches Engagement mit Leben füllen.

Unser besonderer Dank gilt dem Stifter Carl Richard Montag, der uns diese Arbeit ermöglicht hat und uns durch sein Vorbild ermutigt, auch ungewöhnliche und noch unbekannte Wege zu beschreiten.

Wie der BOB CAMPUS ist auch dieses Buch ein Gemeinschaftswerk. Daher danken wir neben den Gastautor*innen allen fachlichen und redaktionellen Berater*innen für die Begleitung als *critical friends* auf dem Weg zu diesem Buch und allen anderen Mitwirkenden für ihr herausragendes Engagement – sie alle aufzuzählen würde den Rahmen sprengen. Genannt sein sollen an dieser Stelle aber die Fotograf*innen, die über so viele Jahre wundervolle Perspektiven des Bauens und Nutzens in Bildern eingefangen und dadurch dieses Buch möglich gemacht haben.

Quellen

Hans, Nils et al. (2019): „Die Rolle von Ankunftsräumen für die Integration Zugewanderter. Eine Diskussion des Forschungsstandes". In: *Raumforschung und Raumordnung | Spatial Research and Planning*, Jg. 77, Ausgabe 5, S. 511–524.

Heyken, Hinrich (2017): *Historische Firmen in Barmen*. http://stadtgeschichte-wuppertal.de/hheyken_bilder/Firmen%20in%20W-Barmen.pdf (letzter Zugriff: 04.08.2023).

Koch, Klaus (2012): *August Bünger Bob Textilwerk geht in die Insolvenz*. https://www.wz.de/nrw/wuppertal/wirtschaft/august-buenger-bob-textilwerk-geht-in-die-insolvenz_aid-29763825 (letzter Zugriff: 04.08.2023).

Schneidewind, Uwe (2021): „Stadtteil-Labore als Mittel ‚urbaner Akupunktur'". In: Montag Stiftung Urbane Räume (Hg.): *Werkbericht 2021*, S. 52–53.

Stadt Wuppertal (1971): *Begründung des Bebauungsplans Nr. 290*. https://wunda-geoportal.cismet.de/#/docs/bplaene/290%20(rechtskr%C3%A4ftig)/3/2?lat=-109.72574583936566&lng=77.4082049890616&zoom=1.7000000000000002 (letzter Zugriff: 04.08.2023).

Zur Nedden, Martin (2018): „Wirkung, Wirkungsanalyse und Wirksamkeit – Thesen aus Sicht der Stadt- und Quartiersentwicklung".
Internes Workshop-Papier für die Montag Stiftungen.

Abbildungen

atelier le balto:	S. 234
Achim Bünger:	S. 33
Mirela Hadžić:	S. 130 unten, S. 144 oben, S. 146 unten
Jann Höfer:	zweite Doppelseite, S. 20–22, S. 27, S. 45, S. 48 rechts–51, S. 72–75, S. 78–79, S. 82–83, S. 92 oben, S. 94–95 links, S. 102–103 unten, S. 104–105, S. 118, S. 123, S. 129, S.131–135, S. 139–143, S. 144 unten, S. 145 oben, S. 148, S. 149 unten, S. 151, S. 156–157, S. 160–165, S. 172, S. 173 unten, S. 180–189, S. 190 rechts–191, S. 201, S. 204–205, S. 208–215, S. 218–223, S. 226 rechts–228, S. 237–241, vorletzte Doppelseite
Max Höllwarth:	S. 35
Montag Stiftung Urbane Räume gAG:	S. 61 unten, S. 130 oben
raumwerk.architekten:	Umschlag, S. 4–5, S. 26, S. 53, S. 55–56, S. 60, S. 90, S. 119, S. 169
Suilian Richon:	S. 16, S. 166
ROCKSTEIN Fotografie:	S. 138
Thomas Schäkel:	S. 18–19, S. 44, S. 46, S. 64–65, S. 70 oben, S. 80–81, S. 98, S. 108–109, S. 114, S. 116, S. 152–155, S. 174–175 links und oben, S. 178–179, S. 192–197, S. 200, S. 202–203, S. 206–207
Wolf Sondermann:	S. 71, S. 145 unten, S. 158–159, S. 255
Stadtarchiv Wuppertal / Sammlung Bergischer Geschichtsverein e.V.:	S. 30–31
Urbane Nachbarschaft BOB gGmbH:	S. 28–29, S. 32, S. 48 links, S. 147, S. 149 oben
Simon Veith:	S. 2, S. 15, S. 17, S. 34, S. 36–37, S. 38 unten, S. 43, S. 47, S. 52, S. 61 oben, S. 62–63, S. 66–69, S. 70 unten, S. 76–77, S. 84–86, S. 91, S. 95 rechts, S. 99, S. 103 oben, S. 106–107, S. 115, S. 117, S. 124–127, S. 136–137, S. 146 oben, S. 150, S. 171, S. 173 oben, S. 175 unten–177, S. 190 links, S. 198–199, S. 216–217, S. 224–226 links oben und unten, S. 242–246, S. 251–254
Michel Wenzel:	Cover vorne, S. 38 oben, letzte Doppelseite, Cover hinten
Jens Willebrand:	erste Doppelseite, S. 92 unten–93, S. 96–97, S. 100–101, S. 110–113, S. 128

Impressum

Herausgeberin
Montag Stiftung Urbane Räume gAG
Raiffeisenstraße 5
53113 Bonn

Vorstand:
Stefan Anspach, Johanna M. Debik

Kontakt:
Telefon: +49 (0)228 26 716 470
urbaneraeume@montag-stiftungen.de
www.montag-stiftungen.de
Instagram: @montagstiftungurbaneraeume
LinkedIn: @Montag Stiftung Urbane Räume

Aktuelles aus den Projekten und Hintergrundinformationen unter www.montag-stiftungen.de/mur

Weitere Informationen zur Stiftungsgruppe unter www.montag-stiftungen.de

Weitere Informationen zum BOB CAMPUS unter
www.bob-campus.de
Instagram: @bobcampuswuppertal
LinkedIn: @BOB CAMPUS Wuppertal

Redaktion
Autor*innen:
Johanna M. Debik, Robert Ambrée

Gastautor*innen:
Véronique Faucheur, Marc Hübert, Prof. Ragnhild Klußmann, Prof. Dr. Renée Tribble, Lilith Unverzagt

Fachliche Beratung:
Henry Beierlorzer, Prof. Dr. Florian Kluge, Prof. Ragnhild Klußmann, Elina Schniewind, Prof. Yasemin Utku, Carl Zillich

Redaktionelle Beratung:
Dr. Karl-Heinz Imhäuser, Sabine Milowan, Montag Stiftung Denkwerkstatt

Konzept und Projektteam:
Robert Ambrée, Johanna M. Debik, Sarah Mutz, Miriam Pflüger, Montag Stiftung Urbane Räume

Lektorat:
Miriam Seifert-Waibel

Gestaltung, Satz und Lithografie:
Social Social, Berlin

Druck und Bindung:
Grafisches Centrum Cuno, Calbe (Ultra HD® Print)

Bibliografische Information der Deutschen Nationalbibliothek. Die Deutsche Nationalbibliothek verzeichnet diese Publikation in der Deutschen Nationalbibliografie; detaillierte bibliografische Daten sind im Internet über http://dnb.d-nb.de abrufbar.

jovis Verlag
Genthiner Straße 13
10785 Berlin

www.jovis.de

jovis-Bücher sind weltweit im ausgewählten Buchhandel erhältlich. Informationen zu unserem internationalen Vertrieb erhalten Sie von Ihrem Buchhändler oder unter www.jovis.de.

ISBN 978-3-98612-035-1 (Broschur)
ISBN 978-3-98612-036-8 (E-Book)

BOB
CAMPUS

WC

Heinrich Heine

BOB
CAMPUS

Daten und Fakten zum Projekt

BOB CAMPUS, Max-Planck-Straße 19, Krühbusch 9, 9b und 11, 42277 Wuppertal

Planung und Bau

Projektentwicklerin und Betreiberin:
Urbane Nachbarschaft BOB gGmbH, Bonn, in Kooperation mit der Montag Stiftung Urbane Räume gAG, Bonn

Bauherrinnen:
Fabrik, Shedhallen, Krühbusch-Hof:
Urbane Nachbarschaft BOB gGmbH, Bonn, in Kooperation mit der Montag Stiftung Urbane Räume gAG, Bonn

Nachbarschaftspark:
Stadt Wuppertal, in Kooperation mit der Urbane Nachbarschaft BOB gGmbH, Bonn

Qualifizierungsträgerin:
GBA Gesellschaft für berufliche Aus- und Weiterbildung mbH, Recklinghausen

Architekt*innen:
raumwerk.architekten,
Hübert und Klußmann PartGmbB, Köln

Landschaftsarchitekt*innen:
atelier le balto GbR, Berlin, in Kooperation mit BAUER + FECKE Landschaftsarchitekten PartGmbB, Dortmund

Fachingenieur*innen:
Bauphysik: energiebüro vom Stein GmbH, Köln
Brandschutz: RASSEK & PARTNER Brandschutzingenieure, Wuppertal
Elektroplanung: Calorelektrik GmbH Ingenieurbüro für Elektrotechnik, Köln
Haustechnik: SMP Sachverständigen-, Planungs- und Beratungsgesellschaft mbH, Köln
Kybernetik: Delzer Kybernetik GmbH, Lörrach
Projektsteuerung: Montag Service GmbH, Bonn
Tragwerk: bau|werk Ingenieurbüro für Tragwerksplanung GmbH & Co. KG, Köln
Verkehrsgutachten: Planersocietät Frehn Steinberg Partner GmbH, Dortmund

Investitionen

Fabrik, Shedhallen, Krühbusch-Hof:
13,3 Millionen €, davon Eigenkapital der Carl Richard Montag Förderstiftung: 6,4 Millionen €

Nachbarschaftspark:
2,2 Millionen €, gefördert über das Bund-Länder-Programm Soziale Stadt / Sozialer Zusammenhalt und den Europäischen Fonds für regionale Entwicklung (EFRE)

Projektentwicklung einschließlich kooperativer Prozesse:
2,3 Millionen € Zuwendungen der Montag Stiftung Urbane Räume gAG im Zeitraum 2017–2023

Maße und Nutzungen*

Nutzfläche gesamt:
6.400 m²

Gemeinwohlflächen ohne Mieteinnahmen:
Nachbarschaftsetage: 750 m²
Stadtteilterrasse: 210 m²

Fläche *Nachbarschaftspark*:
4.500 m²

Mietflächen:
Stadtteilbibliothek: 225 m²
Gastronomie: 315 m²
Bürolofts *Fabrik* und *Shedhallen*: 2.000 m², zehn Gewerbeeinheiten 60–630 m²
Bildungsräume Schule, offene Ganztagsschule und Kita: 1.650 m², Spielterrasse Kita: 185 m²
Wohnen im *Krühbusch-Hof*: 945 m², zwölf Wohneinheiten einschließlich Nachbarschaftswohnzimmer als Gemeinschaftsfläche, davon neun gefördert gemäß Wohnbauförderbestimmungen des Landes NRW

Brutto-Grundfläche (BGF):
8.100 m² (*Fabrik*: 4.800 m², *Shedhallen* und Wohnhäuser: 3.300 m²)

Brutto-Rauminhalt (BRI):
32.600 m³

*Alle Maßangaben sind gerundete und daher ungefähre Werte.

Menschen auf dem BOB CAMPUS
(Stand Oktober 2023)

Erwerbstätige:
circa 70

Kinder in Schule, offener Ganztagsschule und Kita:
circa 175

Bewohner*innen:
30 zwischen null und 70 Jahren

Ehrenamtlich engagierte Menschen:
circa 50

Besucher*innen:
durchschnittlich 50 pro Tag

Angebote in der Nachbarschaftsetage:
circa 15 pro Woche

Wie gelingt es, Gemeinwohl zu bauen? Die Transformation einer ehemaligen Textilfabrik zum BOB CAMPUS in Wuppertal-Oberbarmen zeigt, wie aus einer urbanen Brache ein neuer Ort der Arbeit, des generationsübergreifenden Lernens, des Wohnens und der Nachbarschaft wird.

Das Buch widmet sich den Bau- und Gestaltungsprozessen des preisgekrönten Bau- und Gemeinschaftswerks. Im Zusammenspiel aus wertschätzendem Umgang mit dem historischen Ort und der vorhandenen Bausubstanz, innovativen Lösungen für architektonische Herausforderungen und einem kooperativen Prozess vieler Beteiligter entsteht eine einzigartige Nutzungsmischung. Detaillierte Einblicke und starke Bilder machen die Transformation vom Industrieareal zum offenen Ort der Stadtgesellschaft erfahrbar.

Ein eindringliches Statement für mehr Gemeinwohl und eine Anregung zum Nachahmen.

9 783986 120351